"十三五"国家重点图书出版规划项目
交通运输科技丛书·公路基础设施建设与养护
港珠澳大桥跨海集群工程建设关键技术与创新成果书系
国家科技支撑计划资助项目（2011BAG07B04）

港珠澳大桥混凝土结构耐久性评估与再设计

Durability Assessment and Redesign for the Concrete Structures of
Hong Kong-Zhuhai-Macao Bridge

李克非　苏权科　王胜年　等　著

内 容 提 要

本书以国家科技支撑计划项目"港珠澳大桥跨海集群工程建设关键技术研究与示范"之课题四"跨海集群工程混凝土结构 120 年使用寿命保障关键技术"（课题编号 2011BAG07B04）为背景，系统提出了港珠澳大桥结构混凝土耐久性的质量控制原理和验收准则，并建立了以氯离子扩散系数为目标的混凝土质量控制流程；然后在广泛收集施工阶段混凝土构件检测数据的基础上，完成了施工期混凝土构件耐久性性能水平评估；最后从耐久性评估和再设计角度建立了港珠澳大桥混凝土结构全寿命管理的基本框架，介绍了支撑耐久性检测的长期暴露试验站、使用期耐久性评估的模型、原则与方法以及使用期的基本维护方案。

本书汇集了港珠澳大桥建设的工程经验和研究成果，可作为同类跨海集群工程建设的技术参考，也可作为工程技术人员解决施工期混凝土耐久性控制问题的参考文献。

Abstract

This book is based on the National Science and Technology Support Plan Project No. 2011BAG07B04 "Key Technologies Assuring the 120-Year Service Life of Sea-Link Complex Projects and the Technical Demonstrations". The theoretical basis and compliance criteria for the durability quality control of concrete elements in Hong Kong-Zhuhai-Macao (HZM) sea-link project are proposed, and the quality control procedure based on the chloride ion diffusion coefficient is established. On the basis of the measurements on the in-situ concrete elements, the durability assessment is performed for the achieved durability performance. Further, the life-cycle management of the concrete structures is elaborated through the durability assessment and redesign processes, including the long-term exposure tests, assessment methods and the preliminary maintenance scheme.

This book includes the return of experiences and research results in HZM project, the methods and principles can be applied to similar sea-link projects, and it can also serve as references for engineers and technical staff for durability quality control of structural concretes.

交通运输科技丛书编审委员会

(委员排名不分先后)

顾　　问：陈　健　周　伟　成　平　姜明宝

主　　任：庞　松

副 主 任：洪晓枫　袁　鹏

委　　员：石宝林　张劲泉　赵之忠　关昌余　张华庆

　　　　　郑健龙　沙爱民　唐伯明　孙玉清　费维军

　　　　　王　炜　孙立军　蒋树屏　韩　敏　张喜刚

　　　　　吴　澎　刘怀汉　汪双杰　廖朝华　金　凌

　　　　　李爱民　曹　迪　田俊峰　苏权科　严云福

港珠澳大桥跨海集群工程建设关键技术与创新成果书系编审委员会

顾　　　问：冯正霖
主　　　任：周海涛
副　主　任：袁　鹏　朱永灵

执 行 总 编：苏权科
副　总　编：徐国平　时蓓玲　孟凡超　王胜年　柴　瑞

委　　　员：（按专业分组）
　　岛 隧 工 程：孙　钧　钱七虎　郑颖人　徐　光　王汝凯
　　　　　　　　李永盛　陈韶章　刘千伟　麦远俭　白植悌
　　　　　　　　林　鸣　杨光华　贺维国　陈　鸿
　　桥 梁 工 程：项海帆　王景全　杨盛福　凤懋润　侯金龙
　　　　　　　　陈冠雄　史永吉　李守善　邵长宇　张喜刚
　　　　　　　　张起森　丁小军　章登精
　　结构耐久性：孙　伟　缪昌文　潘德强　邵新鹏　水中和
　　　　　　　　丁建彤
　　建 设 管 理：张劲泉　李爱民　钟建驰　曹文宏　万焕通
　　　　　　　　牟学东　王富民　郑顺潮　林　强　胡　明
　　　　　　　　李春风　汪水银

《港珠澳大桥混凝土结构耐久性评估与再设计》编写组

组　　长：李克非
副 组 长：苏权科　　王胜年
编写人员：李全旺　　董桂洪　　范志宏　　张秦铭　　苏宗贤
　　　　　杨海成　　方　翔　　王翩翩　　汤雁冰　　陈　龙
　　　　　李　超　　熊建波　　邓　法　　张　弛　　曾俊杰
　　　　　倪静妁　　高文博　　江晓霞

总 序
General Preface

科技是国家强盛之基,创新是民族进步之魂。中华民族正处在全面建成小康社会的决胜阶段,比以往任何时候都更加需要强大的科技创新力量。党的十八大以来,以习近平同志为总书记的党中央作出了实施创新驱动发展战略的重大部署。党的十八届五中全会提出必须牢固树立并切实贯彻创新、协调、绿色、开放、共享的发展理念,进一步发挥科技创新在全面创新中的引领作用。在最近召开的全国科技创新大会上,习近平总书记指出要在我国发展新的历史起点上,把科技创新摆在更加重要的位置,吹响了建设世界科技强国的号角。大会强调,实现"两个一百年"奋斗目标,实现中华民族伟大复兴的中国梦,必须坚持走中国特色自主创新道路,面向世界科技前沿、面向经济主战场、面向国家重大需求。这是党中央综合分析国内外大势、立足我国发展全局提出的重大战略目标和战略部署,为加快推进我国科技创新指明了战略方向。

科技创新为我国交通运输事业发展提供了不竭的动力。交通运输部党组坚决贯彻落实中央战略部署,将科技创新摆在交通运输现代化建设全局的突出位置,坚持面向需求、面向世界、面向未来,把智慧交通建设作为主战场,深入实施创新驱动发展战略,以科技创新引领交通运输的全面创新。通过全行业广大科研工作者长期不懈的努力,交通运输科技创新取得了重大进展与突出成效,在黄金水道能力提升、跨海集群工程建设、沥青路面新材料、智能化水面溢油处置、饱和潜水成套技术等方面取得了一系列具有国际领先水平的重大成果,培养了一批高素质的科技创新人才,支撑了行业持续快速发展。同时,通过科技示范工程、科技成果推广计划、专项行动计划、科技成果推广目录等,推广应用了千余项科研成果,有力促进了科研向现实生产力转化。组织出版"交通运输建设科技丛书",是推进科技成果公开、加强科技成果推广应用的一项重要举措。"十二五"期间,该丛书共出版72册,全部列入"十二五"国家重点图书出版规划项目,其中12册获得国家出版基金支持，6 册获中华优秀出版物奖图书提名奖，行业影响力和社会知名度不断扩大，逐渐成为交通运输高端学术交流和科技成果公开的重要平台。

"十三五"时期，交通运输改革发展任务更加艰巨繁重，政策制定、基础设施建设、运输管理等领域更加迫切需要科技创新提供有力支撑。为适应形势变化的需要，在以往工作的基础上，我们将组织出版"交通运输科技丛书"，其覆盖内容由建设技术扩展到交通运输科学技术各领域，汇集交通运输行业高水平的学术专著，及时集中展示交通运输重大科技成果，将对提升交通运输决策管理水平、促进高层次学术交流、技术传播和专业人才培养发挥积极作用。

当前，全党全国各族人民正在为全面建成小康社会、实现中华民族伟大复兴的中国梦而团结奋斗。交通运输肩负着经济社会发展先行官的政治使命和重大任务，并力争在第二个百年目标实现之前建成世界交通强国，我们迫切需要以科技创新推动转型升级。创新的事业呼唤创新的人才。希望广大科技工作者牢牢抓住科技创新的重要历史机遇，紧密结合交通运输发展的中心任务，锐意进取、锐意创新，以科技创新的丰硕成果为建设综合交通、智慧交通、绿色交通、平安交通贡献新的更大的力量！

2016 年 6 月 24 日

序 Preface

2003年,港珠澳大桥工程研究启动。2009年,为应对由美国次贷危机引发的全球金融危机,保持粤、港、澳三地经济社会稳定,中央政府决定加快推进港珠澳大桥建设。港珠澳大桥跨越珠江口伶仃洋海域,东接香港特别行政区,西接广东省珠海市和澳门特别行政区,是"一国两制"框架下粤、港、澳三地合作建设的重大交通基础设施工程。港珠澳大桥建设规模宏大,建设条件复杂,工程技术难度、生态保护要求很高。

2010年9月,由科技部支持立项的"十二五"国家科技支撑计划"港珠澳大桥跨海集群工程建设关键技术研究与示范"项目启动实施。国家科技支撑计划,以重大公益技术及产业共性技术研究开发与应用示范为重点,结合重大工程建设和重大装备开发,加强集成创新和引进消化吸收再创新,重点解决涉及全局性、跨行业、跨地区的重大技术问题,着力攻克一批关键技术,突破瓶颈制约,提升产业竞争力,为我国经济社会协调发展提供支撑。

港珠澳大桥国家科技支撑计划项目共设五个课题,包含隧道、人工岛、桥梁、混凝土结构耐久性和建设管理等方面的研究内容,既是港珠澳大桥在建设过程中急需解决的技术难题,又是交通运输行业建设未来发展需要突破的技术瓶颈,其研究成果不但能为港珠澳大桥建设提供技术支撑,还可为规划研究中的深圳至中山通道、渤海湾通道、琼州海峡通道等重大工程提供技术储备。

2015年底,国家科技支撑计划项目顺利通过了科技部验收。在此基础上,港珠澳大桥管理局结合生产实践,进一步组织相关研究单位对以国家科技支撑计划项目为主的研究成果进行了深化梳理,总结形成了"港珠澳大桥跨海集群工程建设关键技术与创新成果书系"。书系被纳入了"交通运输科技丛书",由人民交通出版社股份有限公司组织出版,以期更好地面向读者,进一步推进科技成果公开,进一步加强科技成果交流。

值此书系出版之际,祝愿广大交通运输科技工作者和建设者秉承优良传统,按照党的十八大报告"科技创新是提高社会生产力和综合国力的战略支撑,必须摆在国家发展全局的核心位置"的要求,努力提高科技创新能力,努力推进交通运输行业转型升级,为实现"人便于行、货畅其流"的梦想,为实现中华民族伟大复兴而努力!

港珠澳大桥国家科技支撑计划项目领导小组组长

本书系编审委员会主任

2016 年 9 月

前　言

Foreword

港珠澳大桥是举世瞩目的跨海集群工程，跨越珠江口伶仃洋海域，连接香港、澳门、珠海三地，全长约55km。工程设计使用年限120年，构件所处腐蚀环境严酷。为确保工程整体服役寿命达到120年，需要一套系统的耐久性保障技术体系。

本书旨在总结国家科技支撑计划项目"港珠澳大桥跨海集群工程建设关键技术研究与示范"之课题四"跨海集群工程混凝土结构120年使用寿命保障关键技术"的研究内容，重点介绍混凝土结构的耐久性评估与再设计技术，利用施工过程检测数据、实体构件监测数据，建立耐久性评估的不确定性数学模型，实现对混凝土实体构件的寿命评估，进而以失效概率为基准，提出耐久性"检（监）测-评估-再设计"一体化维护方法，提出耐久性维护基本制度，形成以原位监测、动态评估、主动维护为原则的全寿命运营维护技术。本书与系列丛书中的《港珠澳大桥混凝土结构耐久性设计与施工技术》相结合，形成港珠澳大桥混凝土结构120年使用年限的设计保障技术体系。

参与本书撰写的人员有：第1章李克非，第2章王胜年，第3章王胜年、范志宏，第4章李克非、董桂洪，第5章李克非、李全旺，第6章李克非、杨海成、汤雁冰。本书编写过程中采用了王翩翩、邓法等人在施工现场开展的大量测试研究数据，得到了张宝兰、李超等人的大力协助，在此一并致谢。

限于作者的水平和经验，书中错误和疏漏之处在所难免，恳请读者批评指正。

作　者
2015年6月

目 录
Contents

第1章　绪论 ··· 1
  1.1　工程概况 ·· 1
  1.2　耐久性评估和再设计 ·· 2
  1.3　实施情况及成果 ·· 3

第2章　混凝土结构120年耐久性可行性研究 ·· 4
  2.1　概述 ·· 4
  2.2　海洋环境典型混凝土结构耐久性措施分析 ·· 4
    2.2.1　丹麦大贝尔特海峡工程 ·· 4
    2.2.2　丹麦—瑞典厄勒海峡交通工程 ··· 6
    2.2.3　加拿大联盟大桥 ··· 8
    2.2.4　中国香港青马大桥 ·· 10
    2.2.5　中国东海大桥 ·· 11
    2.2.6　中国杭州湾跨海大桥 ··· 13
    2.2.7　中国昂船洲大桥 ··· 15
    2.2.8　中国金塘大桥 ·· 16
    2.2.9　中国青岛海湾大桥 ·· 18
    2.2.10　中国深港西部通道工程 ·· 20
    2.2.11　韩国釜山—巨济连接线工程 ·· 20
    2.2.12　海洋环境混凝土结构耐久性措施总结 ·· 22
  2.3　港珠澳大桥混凝土结构环境作用与使用年限分析 ····································· 23
    2.3.1　基本环境类别与作用等级 ··· 23
    2.3.2　耐久性极限状态 ··· 25
    2.3.3　混凝土构件的设计使用年限 ·· 25
  2.4　可行性分析 ·· 26

第3章　混凝土结构耐久性设计与施工技术分析 ··· 28
  3.1　概述 ·· 28

3.2 基于可靠度理论的混凝土结构耐久性设计过程···28
  3.2.1 耐久性设计原则··28
  3.2.2 耐久性设计模型和参数··30
  3.2.3 混凝土结构耐久性指标··32
3.3 混凝土施工质量控制··33
  3.3.1 混凝土原材料控制与要求···33
  3.3.2 混凝土配合比设计原则··35
  3.3.3 混凝土拌和物水胶比检测···37
  3.3.4 混凝土构件接触海水时间控制··38
  3.3.5 钢筋的混凝土保护层厚度控制措施··39
  3.3.6 沉管全断面浇筑大体积混凝土裂缝控制··40
3.4 防腐蚀措施设计与施工··41
  3.4.1 基于全寿命的防腐蚀措施设计··41
  3.4.2 防腐蚀施工质量控制··43

第4章 施工过程混凝土耐久性质量分析

4.1 概述···49
4.2 混凝土耐久性测试参数与关系···49
  4.2.1 混凝土氯离子扩散与迁移理论基础··49
  4.2.2 混凝土强度质量评定标准··53
  4.2.3 氯离子扩散系数质量评定标准··56
4.3 混凝土耐久性参数检测··61
  4.3.1 结构混凝土强度··61
  4.3.2 结构混凝土氯离子扩散系数··66
  4.3.3 表面电阻率测试··72
  4.3.4 沉管模型检测··73
4.4 基于检测数据的结构混凝土质量分析··79
  4.4.1 混凝土强度··79
  4.4.2 混凝土氯离子扩散系数··83
  4.4.3 沉管实体模型··86
  4.4.4 基于现场数据评价的混凝土质量控制技术··89

第5章 实体构件耐久性检测与评估

5.1 概述···98
5.2 实体构件耐久性检测···98
  5.2.1 保护层厚度···98

		5.2.2 混凝土表面电阻率	101
		5.2.3 混凝土表面透气性	105
	5.3	基于无损检测数据的构件耐久性质量分析	110
		5.3.1 保护层检测结果分析	110
		5.3.2 表面透气性-电阻率质量分析	111
		5.3.3 电阻率-表面透气性-氯离子扩散系数相关性研究	113
	5.4	基于检测数据的混凝土结构耐久性评估	115
		5.4.1 耐久性评估基本模型	115
		5.4.2 施工图设计阶段耐久性措施	118
		5.4.3 实体结构耐久性评估	125
		5.4.4 耐久性评估结论	133

第6章 服役期耐久性评估和再设计

6.1	概述	135
6.2	耐久性检测与监测	136
	6.2.1 暴露试验	136
	6.2.2 结构长期耐久性检测与监测	141
6.3	混凝土结构与构件服役期维护方案	147
	6.3.1 维护方案确定原则	147
	6.3.2 维护方案建议	148
	6.3.3 混凝土构件服役期基本维护制度	148
6.4	服役期耐久性评估原则与方法	154
	6.4.1 评估原则与方法	154
	6.4.2 数据更新的理论基础	155
	6.4.3 服役期评估示例	157
6.5	服役期耐久性再设计	160
	6.5.1 耐久性再设计原则	160
	6.5.2 耐久性再设计理论与方法	160
	6.5.3 混凝土构件耐久性再设计示例	163

参考文献	166
索引	169

第1章 绪 论

1.1 工程概况

港珠澳大桥跨越珠江口伶仃洋海域,连接香港、澳门、珠海三地,全长约55km,其中位于海上的主体工程长29.6km,包含了隧道、桥梁、人工岛等多种结构形式,工程设计使用年限120年,因其技术复杂、环保要求高、建设要求及标准高,在中国交通建设史上占据重要地位。港珠澳大桥项目平面示意图见图1-1,沉管隧道预制总览见图1-2。

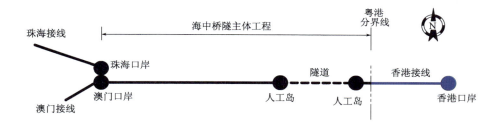

图1-1 港珠澳大桥项目平面示意图

图1-2 港珠澳大桥沉管隧道预制总览

港珠澳大桥工程所处的伶仃洋海域属于典型的亚热带海洋性季风气候(年平均气温22.3~23℃,最高温度38.9℃,最低温度-1.8℃,年平均相对湿度78%~80%)[1],具有气温高、湿度大、海水盐度高的特点,受海水、海风、盐雾、潮汐、干湿循环等众多因素影响,混凝土结构的腐蚀环境严酷,耐久性问题突出。此外,港珠澳大桥混凝土结构包括了预制沉管管段、非通航孔桥预制桥墩与承台、预制桥面板、通航孔桥现浇墩台、沉管隧道现浇敞开段和暗埋段等,施工工艺复杂。构件分布于海平面以下40m到海平面以上200m的空间,环境条件和构件表面局部环境多样。处于如此严酷的环境条件,又同时具有多种结构形式和严格的耐久性要求的跨海集群工程混凝土结构,在国内外工程中实属罕见。

港珠澳大桥整体设计使用年限为120年。自然地理位置及工程结构决定了港珠澳大桥的混凝土结构处于严酷的腐蚀环境中,工程环境和场址存在的腐蚀因素至少包括[2-3]:①海水氯离子对混凝土结构和构件形成的强腐蚀环境;②在40m深水头压力下沉管隧道混凝土结构的抗渗和氯盐等化学侵蚀;③水下及海泥中潜在的硫酸盐、镁盐等对结构混凝土的化学侵蚀及盐结晶侵蚀;④环境及交通车辆尾气引起的混凝土结构和构件表层混凝土的碳化作用。这些腐蚀因素作用于混凝土构件的局部或混凝土结构的整体,都会影响混凝土结构在设计使用年限内的耐久性能。

从港珠澳大桥工程全寿命周期考虑,混凝土结构将经历设计、施工、运营维护和修复等过程,而混凝土结构耐久性能的维持及其保障贯穿整个全寿命周期,涉及耐久性初始设计、施工质量完成水平以及运营周期中的耐久性检测和维护措施等技术方面,是一个复杂的系统工程。因此,本书围绕保障港珠澳大桥混凝土结构120年使用年限的主题,详尽介绍了强腐蚀海洋环境中混凝土结构120年耐久性使用寿命的可行性研究、混凝土结构120年使用年限耐久性设计与施工、施工阶段的结构混凝土质量控制、施工阶段的混凝土实体构件检测和耐久性评估,以及服役期间保障混凝土结构120年使用年限的评估、措施与再设计技术。

1.2 耐久性评估和再设计

由于环境因素的复杂、工程材料的变异性以及目前对于混凝土结构耐久性认识的局限,设计使用年限较长的混凝土结构通过一次耐久性设计往往不足以保障其在使用周期内的耐久性能。这时,耐久性设计过程就需要向施工阶段和使用阶段延伸:在施工阶段通过对材料与构件施工质量的控制和检测得到材料真实的变异性,在使用阶段通过建立合理的维护制度和维护设计来消除初始耐久性设计带来的偏差[4]。混凝土结构的耐久性评估和再设计技术就是长寿命混凝土结构耐久性设计在施工阶段和使用阶段的具体体现。

对于港珠澳大桥工程,针对不同阶段的建设目标进行混凝土结构的耐久性评估和耐久性再设计是保障混凝土结构120年使用年限的重要技术手段。在初步设计阶段,开展120年耐久性设计的可行性研究与评估,解决使用年限能否达到以及如何达到的问题;在详细设计阶段,混凝土结构耐久性评估结合结构和构件的环境作用、服役特点和使用年限,分析材料与结构的要求,确定耐久性设计中的主要控制过程和质量控制关键环节;随着施工的推进,耐久性评估结合具体的施工方案、措施和现场检测数据,给出施工过程对预定耐久性能水平保证率的完成程度;对于耐久性能评估低于预定水平的构件进行质量控制调整以及耐久性再设计,包括构件保护措施和构造的变更以及使用期的维护策略的调整;在施工完毕的运营阶段,混凝土结构和构件的长期耐久性能水平需要结合具体的耐久性检测与监测方案、混凝土构件的维护策略进行动态评估,并根据评估结果进行维护策略的调整和耐久性的再设计,这里的再设计技术包括维护技术和制度的调整。最终通过"检(监)测-评估-再设计"的技术体系来保障港珠澳大桥混凝土结构达到整体工程要求的120年使用年限。

1.3 实施情况及成果

本书的研究成果主要体现在港珠澳大桥混凝土结构设计全过程,包括结构初步设计阶段的120年混凝土结构耐久性可行性研究(预评估),详细设计阶段的基于现场数据的耐久性评估、更新与再设计,以及使用阶段(周期)的耐久性检测、评估与再设计的成套技术框架与方法。本书与系列丛书中的《港珠澳大桥混凝土结构耐久性设计与施工技术》[5]相结合,形成港珠澳大桥混凝土结构120年使用年限的设计保障技术体系。

第 2 章 混凝土结构 120 年耐久性可行性研究

2.1 概 述

海洋环境中混凝土结构会同时受到海水中盐类的腐蚀作用、海水氯离子侵入对内部钢筋的锈蚀作用,以及大气中二氧化碳、水分和温度的作用。港珠澳大桥处于亚热带,其较高的环境温度还会在一定程度上加剧相应的腐蚀速率和程度。在海洋环境中,混凝土结构的耐久性主要通过结构混凝土材料的耐久性能、合理的结构构造、构件的防腐蚀措施以及合理的长期维护制度来实现和保障。

目前,海洋环境中混凝土结构的使用年限达到 120 年对土木工程是一个重大的技术挑战,其难点在于,结构混凝土在 120 年的使用中所受到的环境作用有很大的不确定性,材料(包括防腐蚀措施)自身的劣化过程和速率也存在不可知性。同时,目前国内同类工程的数据积累最长期限仅在 30 年左右。因此,结合目前同类工程耐久性实践,针对港珠澳大桥混凝土结构具体的环境作用进行 120 年耐久性使用年限的可行性分析尤为重要。

港珠澳大桥的耐久性可行性研究主要解决以现在的材料、结构设计与施工工艺水平能否实现 120 年的使用年限的问题,以及采用何种技术路线来实现的问题。可行性研究首先收集了国内外处于海洋环境中的大型土木工程结构,分析各个结构为保障长期耐久性而采取的材料、构造以及维护措施;然后针对港珠澳大桥工程场址的气象水文数据来确定环境作用程度、类别以及主要的耐久性过程;最后通过初步的各耐久性过程的影响因素与危险性分析来确定各耐久性过程的基本技术措施与耐久性策略。

2.2 海洋环境典型混凝土结构耐久性措施分析

为提高海洋环境中大型工程的耐久性,国内外混凝土结构一般以提高混凝土抗渗性为基本措施,并根据工程特点和环境条件采取相应的防腐蚀附加措施,形成综合的耐久性防护技术。本节将介绍近年来国内外大型海洋工程混凝土结构所采取的耐久性技术措施。

2.2.1 丹麦大贝尔特海峡工程

大贝尔特海峡工程包括长 6.5km、主跨 1 642m 的公路铁路并列双线悬索桥,总长 7km

的公路桥和长 8km 的双孔铁路隧道,共浇筑混凝土 106 万 m³,是连接西兰岛与菲英岛的一项重大海洋工程项目。工程于 1989 年动工,1997 年建成通车[6]。大贝尔特海峡大桥见图 2-1。

图 2-1 大贝尔特海峡大桥

(图片来源:CC BY 2.0, https://commons.wikimedia.org/w/index.php?curid=12021218)

大贝尔特海峡工程首次提出了 100 年设计使用寿命的设计要求,并以钢筋开始锈蚀作为混凝土结构耐久性失效的标志。在其耐久性设计中主要考虑的腐蚀因素为冻融破坏、碱-集料反应、硫酸盐侵蚀以及氯盐引起的钢筋锈蚀。工程要求混凝土为表面光洁、无裂缝、不透水的高耐久混凝土,按照 NT Build 443 方法[7]测试得到的 84d 氯离子扩散系数不大于 $0.6 \times 10^{-12} m^2/s$,能在 0.8MPa 静水压作用下抵抗氯盐和硫酸盐的侵蚀,能抵抗冻融循环作用及碱-集料反应,可以保证工程主体结构在预期环境条件下无须支付高额的维护与修补费用而运行 100 年。

根据耐久性设计要求,工程采取了多种保护措施抵抗氯盐与硫酸盐的侵蚀。以下介绍在腐蚀环境最恶劣的浪溅区墩柱、海底隧道衬里以及梁体结构的边角部位采取的措施。

1. 采用水胶比小于 0.35 的高耐久混凝土

工程采用水泥、粉煤灰与硅灰组成的胶凝材料体系配制高耐久混凝土,规定粉煤灰在胶凝材料中的最小掺量为 10%,粉煤灰加硅灰在胶凝材料中的最大掺量不超过 25%,硅灰的掺量在 5%~8% 范围内。要求采用低碱抗硫酸盐水泥,采用无潜在碱活性的集料,采用氯离子含量及碱含量低的原材料来配制低氯离子扩散系数的混凝土,选择硬化气泡体系比表面积最小的混凝土配合比。大贝尔特海峡工程认为粉煤灰是配制高耐久混凝土不可缺少的组分,掺入适量的优质粉煤灰对于提高混凝土耐久性有重要作用。工程对粉煤灰的性能指标规定为:细度不大于 25%(45μm 筛余),烧失量不大于 4%,碱含量不超过 1%,氯离子含量不超过 0.1%,以及 $SiO_2 + Al_2O_3$ 含量不小于 70%。大贝尔特海峡工程使用的典型混凝土胶凝材料体系组成见表 2-1。

大贝尔特海峡工程典型混凝土胶凝材料体系组成　　　表2-1

编　号	硅酸盐水泥（%）	粉煤灰（%）	硅灰（%）
1号	82.3	12.5	5.2
2号	82.4	12.5	5.1

2. 增加保护层厚度

保护层厚度的选择要综合考虑提高结构抗渗性与降低结构断面尺寸。大贝尔特海峡工程对于腐蚀程度较轻的部位最小保护层厚度为35mm，处于较严重腐蚀区域的水下沉箱与锚碇块最小保护层厚度为50mm，处于腐蚀最严重的浪溅区与潮差区桥墩、主塔最小保护层厚度为75mm。

3. 控制混凝土的开裂

结构混凝土出现温度收缩裂缝必然会加速氯盐、硫酸盐、二氧化碳等有害物质的侵蚀，降低混凝土结构的耐久性。大贝尔特海峡工程要求在所有的情况下混凝土的抗拉强度都要大于温度收缩等引起的拉应力，规定了各种情况下的控裂要求：在没有外部约束的条件下，混凝土构件的平均温度与表面温度差不大于15℃，适用于柱、墙、梁、板与基础块体；施工接缝处的混凝土构件最大平均温差不得超过12℃，适用于所有有施工缝的混凝土构件；没有施工缝邻接的混凝土构件最大平均温差不得超过20℃，适用于没有施工缝的整体浇筑混凝土，如连续浇筑箱梁梁体结构；硬化过程中，任何混凝土构件内部最高温度不得超过70℃；混凝土持续养护时间不少于10d。工程通过2D/3D有限元分析，模拟、调整混凝土的浇筑温度，埋设冷却水管控制内部最高温升及降温速率，并依据外界天气条件确定拆模时间来减少或避免混凝土开裂。

4. 各种附加措施

大贝尔特海峡工程在配制高耐久混凝土的基础上，在腐蚀最严重的部位采取了相应的附加措施来提高结构的耐久性：在新拌混凝土中掺入阻锈剂，采用环氧涂层钢筋，采用阴极保护技术保护桥墩，采用环向灌浆处理隧道，采用不锈钢钢筋以及采用硅烷浸渍处理桥面板。

5. 耐久性监测

长期耐久性的监测是大贝尔特海峡工程运营与维护的重要工作，也是整个工程使用寿命设计的组成部分。根据钢筋的氯盐腐蚀以及冻融侵蚀机理，在潮差区、浪溅区与大气区安装450个监测元件，获取直接的电位、电阻、湿度、温度、锈蚀时间、锈蚀速率等参数，对耐久性设计进行验证并对运营期的维护提供支持。

2.2.2　丹麦—瑞典厄勒海峡交通工程

厄勒海峡交通工程（图2-2）连接丹麦的哥本哈根与瑞典的马尔默，被誉为"瑞典通向欧洲的大桥"，工程全长16km，包括长约3.5km的西侧海底沉管隧道、长0.5km与3.9km的两个人工岛以及长 7.9km 的跨海大桥,共浇筑混凝土 75 万 m³,其中沉管隧道浇筑混凝土 5 万 m³。沉管隧道宽 42m,分成 20 个节段,每个节段由 8 个预制件拼装而成,是当时世界上最大的沉管隧道。工程于 1995 年开工,2000 年建成通车[6]。

图 2-2　厄勒海峡交通工程

(图片来源:By Nick-D-Own work, CC BY-SA 4.0,https://commons.wikimedia.org/w/index.php?curid=45290883)

厄勒海峡交通工程主体构件要求在不启用阴极保护的条件下保证 100 年的使用寿命,并以钢筋出现锈蚀作为耐久性失效的标志。工程主要考虑的影响耐久性的因素为:氯盐渗透引起的钢筋锈蚀、冻融循环、碱-集料反应以及混凝土的早期裂缝。工程要求在浪溅区和浪溅区以上的混凝土结构构件最小保护层厚度为 75mm,采用防水涂层保护的浪溅区混凝土结构最小保护层厚度为 50mm。以下为工程采取的主要混凝土技术措施。

1. 混凝土性能要求

厄勒海峡交通工程根据不同的腐蚀环境,要求配制两种不同类型的混凝土,混凝土的性能要求见表 2-2。

厄勒海峡交通工程混凝土性能要求　　表 2-2

型号	最大水胶比	最小抗压强度(MPa)	使用部位
A	0.45	40	浪溅区(<-3m)以下不受冻融作用部位
B	0.40	45	其他部位

2. 原材料及配合比要求

(1) 混凝土采用低碱水泥,C_3A 含量不大于 5%,最小水泥用量 325kg/m³;

(2) 硅灰掺量不大于胶凝材料总量的 5%;

(3) 最小胶凝材料用量为 340kg/m³;

(4) 胶凝材料中氯离子含量不大于 0.1%;

(5) 混凝土中最大碱含量不超过混凝土质量的 3%;

(6) 混凝土中砂浆含量为混凝土体积的 60%。

3. 典型配合比

通过室内性能测试以及仿真足尺模型试验确定的典型混凝土配合比见表2-3。

厄勒海峡交通工程典型混凝土配合比（kg/m³）　　　表2-3

水泥	粉煤灰	硅灰	水	粗集料	细集料
324	52	24	123	1 254	633

4. 混凝土的抗渗性

厄勒海峡交通工程中氯盐引起的钢筋锈蚀是决定其使用寿命的主要因素，施工规范规定采用ASTM-C1202[8]与NT Build 443 法[7]测定混凝土的抗渗性。结构混凝土按照NT Build 443方法测定的35d龄期氯离子扩散系数为$8 \times 10^{-12} \text{m}^2/\text{s}$。根据费克(Fick)第二定律推算，不考虑氯离子扩散系数随时间衰减100年的氯离子侵入混凝土深度为99mm，考虑扩散系数衰减后渗透深度为44mm。工程采用的保护层厚度可满足100年使用年限的要求。

5. 混凝土的温控

工程规定，夏季新拌混凝土的温度不允许超过22℃，冬季新拌混凝土的温度不高于20℃；混凝土构件最高温度不宜超过65℃；新旧混凝土最大平均温度之差不大于15℃。混凝土构件允许的最大拉应力与轴向抗拉强度比值不大于0.7。

2.2.3　加拿大联盟大桥

联盟大桥（图2-3）总长12.9km，跨越诺森伯兰海峡，连接爱德华王子岛和加拿大大陆，是当时世界上最长的连续多跨桥。大桥于1993年动工，1997年完工通车，为两车道的快速道路，限速80km/h，使用了65个桥墩。为了让船只通过，水面与桥面的距离为61m。为了减少潮水和风的冲击力，还设计了3个转折弯道。因此，联邦大桥并非笔直地横跨在海上[6]。

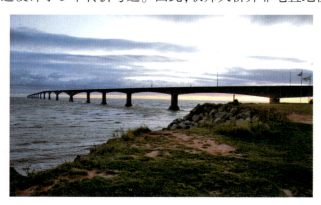

图2-3　联盟大桥

（图片来源：By chensiyuan-chensiyuan, GFDL, https：//commons.wikimedia.org/w/index.php？curid = 7869492）

联盟大桥所处的诺森伯兰海峡,海水含盐度为3.5%,每年均有大量的浮冰持续迁移,导致磨蚀和冲击破坏,强风导致大桥桥墩上有大面积浪溅区与喷洒区,而且冰冻侵害严重,年冻融循环达100次。因此,联盟大桥处于极端恶劣的海洋冰冻环境中。联盟大桥设计使用寿命为100年,工程需要考虑的耐久性因素为:氯盐侵蚀引起的钢筋锈蚀、冰冻与盐冻破坏、浮冰磨损、硫酸盐侵蚀、碱-集料反应以及温度应力引起的混凝土开裂。其中,钢筋锈蚀被认定为影响混凝土耐久性的主要因素。工程对一般混凝土钢筋锈蚀的临界氯离子含量采用0.4%,预应力混凝土钢筋锈蚀的临界氯离子含量采用0.1%~0.2%。以下是联盟大桥工程为提高混凝土耐久性采取的主要技术措施,出于成本考虑工程没有采取附加防腐蚀措施。

1. 混凝土原材料要求

(1) 使用含有7.5%硅灰的低碱水泥,C_3A含量在6%~10%范围内;

(2) 使用掺量不超过15%的低钙粉煤灰;

(3) 不得使用有潜在活性的集料;

(4) 粗集料最大粒径为20mm。

2. 典型混凝土配合比

优选原材料,在实验室适配混凝土,测试其各项性能,确定的典型混凝土配合比见表2-4。

联盟大桥典型混凝土配合比　　　　表2-4

混凝土组分	A级	A100级	C级	F级
水泥(kg/m^3)	430	520	307	400
粉煤灰(kg/m^3)	45	60	133	40
砂(kg/m^3)	705	562	745	912
10~20mm碎石(kg/m^3)	565	550	580	520
5~10mm碎石(kg/m^3)	465	550	475	345
水(kg/m^3)	145	142	159	165
引气剂(mL/m^3)	180	350	90	40
减水剂(mL/m^3)	1 800	1 600	—	3 440
缓凝剂(mL/m^3)	—	580	—	280
超塑化剂(mL/m^3)	3 200	6 000	1 100	9 200
水下不分散剂(mL/m^3)	—	—	—	4 000

3. 钢筋保护层厚度

在确定联盟大桥各结构部位的最小保护层厚度时,工程根据设计使用寿命应用费克第二定律,考虑诺森伯兰海域海水的氯离子含量,按照$4.8 \times 10^{-12} m^2/s$的扩散系数以及75mm的保护层厚度计算钢筋混凝土构件的使用年限。结果显示,在60年内钢筋附近的氯离子浓度低于临界氯离子浓度。考虑实测的扩散系数衰减指数为10,扩散系数会随着龄期延长而显著衰减,大桥规定了各构件的最小保护层厚度,见表2-5。

联盟大桥最小保护层厚度 表2-5

构件部位	上部结构					下部结构	后张管道
	底面钢筋	隔墙	大梁内部	后张管道	浪溅区		
保护层厚度(mm)	50	50	35	100	100	100	125

4. 混凝土的温控

联盟大桥规定了混凝土的浇筑温度、最高温度以及最大温度梯度,见表2-6。

联盟大桥规定的混凝土温度参数 表2-6

温度参数	水化放热总量(7d)	浇筑温度			最高温度	温度梯度
		断面尺寸≥2m	其他环境≤10℃	其他环境>10℃		
数值	350J/g	18℃	25℃	20℃	70℃	20℃

施工前通过建模确定构件容易开裂的部位,埋设热电偶监控混凝土的温度,并在施工中采取相应措施进行温度控制:混凝土采用7d发热量小于350J/g的水泥,混凝土采用低水胶比,混凝土拌和采用碎冰替代部分拌和用水,混凝土采用辅助胶凝材料,清洗并冷却粗集料。

5. 混凝土养护

施工采用水养护、薄膜养护、模板内养护、养护剂以及各种方式结合使用的养护方法对混凝土结构进行养护,以保证混凝土强度及耐久性的发展,并采用快速氯离子渗透法、非稳态氯离子扩散试验以及吸水率试验对养护效果进行评价。

2.2.4 中国香港青马大桥

青马大桥(图2-4)横跨青衣岛及马湾,是公路、铁路两用悬索桥,桥梁总长2 200m,主跨1 377m,主桥塔高206m,距离海面高62m,主缆直径1.1m,吊缆总长16 000m,是当时世界最长的公路铁路两用悬索桥。工程于1992年开工建设,1997年完工通车。青马大桥位于伶仃洋海域,与港珠澳大桥工程处于同一海洋环境,该环境具有高温、高盐的特点。青马大桥设计使用寿命为120年,主要考虑的耐久性影响因素是氯盐引起的钢筋锈蚀、碱-集料反应以及温度裂缝等。

青马大桥工程确定了两种主要配合比,其中胶凝材料组分分别为70%硅酸盐水泥+25%粉煤灰+5%微硅灰(用于引桥桥墩)和30%硅酸盐水泥+64.5%矿粉+5.5%微硅灰(用于主桥塔)。参照NT Build 443方法[7]测试混凝土的氯离子渗透性,测得氯离子扩散系数小于$0.9\times10^{-12}m^2/s$(试验温度为23℃)。青马大桥工程采用的耐久性技术方案包括采用高抗氯离子渗透的混凝土,采取硅烷浸渍等附加防腐蚀措施,在关键构件部位采用耐腐蚀钢材,并通过严格的施工质量控制来保证结构达到120年使用年限的设计要求。

图 2-4 青马大桥

[图片来源:By mageba sa（wahrscheinlich Benutzer:Mageba）-Own work（Original text:selbst erstellt）,GFDL,https://commons.wikimedia.org/w/index.php?curid=10549127]

2.2.5 中国东海大桥

东海大桥是上海国际航运中心的集装箱深水枢纽港的三大重要配套工程之一,起于上海南汇区芦潮港,北与沪芦高速公路相连,南跨杭州湾北部海域,直达浙江嵊泗县小洋山岛,是我国第一座真正意义上的跨海大桥。大桥全长约32.5km,其中陆上段约3.7km,芦潮港新大堤至大乌龟岛之间的海上段约25.3km,大乌龟岛至小洋山岛之间的港桥连接段约3.5km。大桥按双向六车道加紧急停车带的高速公路标准设计,桥宽31.5m,设计速度80km/h,可抗12级台风、七级烈度地震。东海大桥工程2002年开工建设,于2005年实现结构贯通[9]。

东海大桥地处北亚热带南缘、东北季风盛行区,受季风影响冬冷夏热,四季分明,降水充沛,气候变化复杂,多年平均气温为15.8℃,海域全年盐度一般在1%～3.2%之间变化,属强混合型海区,海洋环境特征明显。在海洋环境下,结构混凝土的耐久性劣化主要由气候和环境介质侵蚀引起。混凝土劣化主要表现形式有钢筋锈蚀、冻融循环、盐类侵蚀、溶蚀、碱-集料反应和冲击磨损等。东海大桥位于典型的亚热带地区,钢筋锈蚀破坏是最主要的耐久性过程。东海大桥是连接港区和陆地的集装箱物流输送动脉,对上海深水港的正常运转至关重要。工程在国内首次采用100年设计基准期,要求采用氯离子扩散系数与电通量双指标来控制混凝土的抗氯离子渗透性,见表2-7。

混凝土氯离子扩散系数参照 NT Build 443 方法[7],以标准养护28d试件,在试验温度为20℃时,测定浸泡于3% NaCl 溶液中90d 的氯离子表观扩散系数。混凝土电通量参照 ASTM C1202[8]方法,测试混凝土在28d 龄期时的通过电量。

1. 耐久性设计方案

钢筋混凝土结构耐久性设计方案包括基本措施和附加措施。基本措施是从材料本身的性能出发,提高混凝土材料的耐久性能,即采用高性能混凝土。再根据破坏作用的程度,视具体情况采取相应的附加措施。两者的有机结合形成综合防腐蚀措施技术方案。东海大桥混凝土结构的耐久性设计方案是:采用高性能混凝土作为基本措施,同时,依据混凝土构件所处结构部位及使用环境条件,采取必要的附加防腐蚀措施,包括内掺钢筋阻锈剂、混凝土外涂保护涂层等。东海大桥海上段混凝土结构耐久性设计方案见表2-8。

东海大桥混凝土抗氯离子渗透性指标 表2-7

混凝土构件类型			混凝土氯离子扩散系数($10^{-12} m^2/s$)	28d电通量(C)
海上段	连续箱梁		1.5	≤1 000
	墩柱(含主塔)	预制	2.0	≤1 000
		现浇	1.5	—
	承台	预制套箱	1.5	≤1 000
		现浇填心	2.0	—
		钢套箱	1.5	—
	钻孔灌注桩		3.0	≤2 000
陆上段	箱梁		2.0	≤1 500
	墩柱		3.0	≤2 000
	防撞墙		3.0	≤2 000

东海大桥海上段混凝土结构耐久性设计方案 表2-8

结构部位	海洋环境分类	混凝土强度等级	混凝土品种	附加措施
钻孔灌注桩	水下区、桩头水位变动区	C30	大掺量掺和料混凝土	上部为不拆除的钢套筒
承台	水位变动区、浪溅区	C40	高性能混凝土	水位变动区、浪溅区部位涂防腐蚀涂层
墩柱	水位变动区、浪溅区	C40	高性能混凝土	水位变动区、浪溅区部位涂防腐蚀涂层
箱梁	大气区	C50	高性能混凝土	—
桥面板	大气区	C60	高性能混凝土	—
塔柱	下部水位变动区、浪溅区,上部大气区	C50	高性能混凝土	水位变动区、浪溅区部位涂防腐蚀涂层

2.高性能混凝土

东海大桥工程配制的高性能混凝土具有优良的工作性能和耐久性能,混凝土氯离子扩散系数可小于$1.5 \times 10^{-12} m^2/s$。相对于普通混凝土,高性能混凝土施工质量控制主要涉及原材料质量、配合比、搅拌、施工、保护层厚度、养护等方面,其重点和难点在于保护层厚度和养护等方面,钢筋的混凝土保护层厚度按照表2-9设计。高性能混凝土保护层垫块采用变形多面体形式,采用高性能细石混凝土预制,垫块材料的强度及抗渗透性均不低于本体高性能混凝土的技术要求。

东海大桥混凝土保护层厚度　　　　　　　　　表 2-9

部　　位		外层钢筋最小保护层厚度（mm）
海上连续箱梁	预制	70（箱梁预应力束）
	现浇	40（普通钢筋）
	叠合梁顶板	
墩柱		70
斜拉桥主塔		70
承台（包括套箱）		80
PHC 桩		50
钻孔灌注桩		75
陆上现浇墩柱		55
陆上现浇箱梁		30
防撞墙		30

顶面混凝土存在由于阳光直射温度较高而产生温差过大的现象，同时由于风速较大也容易造成混凝土表面失水过快、混凝土表面收缩较大而导致混凝土开裂。因此在施工中，承台混凝土成型抹面结硬后立即覆盖土工布，混凝土初凝后立即在顶面蓄水进行养护，养护用水为外运淡水。

3. 耐久性监控与维护

东海大桥除了采取综合防腐蚀措施及重视桥梁的日常养护外，还注重耐久性监控。耐久性监控是结构检测的重要补充，其目的是通过预防手段来维护结构。通过对比结构检测、耐久性监控及其他无损性试验的结果，寻求最佳措施来调整运营和维修策略。东海大桥除了对桥梁结构进行耐久性的无损监控外，另在大乌龟岛设置了长期暴露试验站，摆放模拟桥梁结构的试件，定期取样试验，以全面掌握实际桥梁结构的耐久性状况。

2.2.6　中国杭州湾跨海大桥

杭州湾跨海大桥是一座横跨杭州湾海域的跨海大桥，它北起浙江嘉兴海盐郑家埭，南至宁波慈溪水路湾，全长 36km，按双向六车道高速公路标准设计，设计速度 100km/h。大桥设南、北两个航道，其中北航道桥为主跨 448m 的钻石形双塔双索面钢箱梁斜拉桥，通航标准 35 000t；南航道桥为主跨 318m 的 A 形单塔双索面钢箱梁斜拉桥，通航标准 3 000t。除南、北航道桥外，其余引桥均采用 30~80m 不等的预应力混凝土连续箱梁结构。杭州湾跨海大桥 2003 年开工建设，于 2007 年贯通[10]。

杭州湾跨海大桥作为当时世界上最长的跨海大桥，处于杭州湾海洋环境，属于桥梁结构所处的最严峻的环境条件之一，其设计使用年限大于或等于 100 年。杭州湾跨海大桥桥址区现有混凝土结构腐蚀状况的调查显示，环境条件恶劣、保护层不足、氯离子渗透导致的钢筋锈蚀是混凝土结构破坏的主要原因，而碳化、硫酸盐、镁盐等不是混凝土劣化的主要原因。

此外,杭州湾海水盐度明显受长江江水冲淡影响,矿化度一般在 10g/L 左右,涨潮时略偏高,落潮时小于 10g/L,均为 pH≥8 的弱碱性 Cl-Na 型咸水。表底层盐度差不大,一般仅为 0.05%,不大于 0.1%。该地区冬季月平均气温较高,基本不存在冻融破坏。因此,影响杭州湾地区结构耐久性的主导因素是结构抗氯离子或者氯盐腐蚀性能,杭州湾跨海大桥混凝土结构使用寿命的终结状态定义为构件内部钢筋不发生锈蚀。该工程在国内首次根据快速电迁移法测定混凝土氯离子扩散系数,规定了混凝土抗氯离子渗透性要求,见表 2-10。

杭州湾跨海大桥结构混凝土的氯离子扩散系数设计要求　　表 2-10

结　构　部　位		84d 混凝土氯离子扩散系数($10^{-12}m^2/s$)
钻孔灌注桩	陆上部分	≤3.5
	海上部分(含滩涂)	≤3.0
承台	陆上部分	≤3.5
	海上部分	≤3.0
墩身	陆上部分(现浇)	≤3.5
	海上部分(现浇含滩涂)	≤2.5
	海上部分(预制)	≤1.5
箱梁	现浇	≤1.5
	预制	≤1.5
桥塔		≤1.5

工程将限制氯离子扩散系数和设置合理的钢筋保护层作为保证大桥钢筋混凝土结构 100 年设计使用年限的基本措施,其耐久性技术要点如下。

1. 高性能混凝土

工程采用的高性能混凝土以氯离子扩散系数为核心控制指标,采用大比例掺入矿物掺和料和低水胶比降低氯离子扩散系数。工程前期进行了大量的高性能混凝土配合比研究,针对不同结构部位和腐蚀环境配制了相应的混凝土,对于潮差区及浪溅区构件的混凝土,则加入适量阻锈剂。

2. 钢筋保护层厚度

杭州湾跨海大桥工程结合国内外跨海工程实例,参照有关规范,根据工程所处的腐蚀环境、各构件的受力特点和使用年限要求,确定不同部位的钢筋最小保护层厚度,见表 2-11。

杭州湾跨海大桥混凝土各部位钢筋最小保护层厚度　　表 2-11

结　构　部　位		腐　蚀　环　境	最小保护层厚度(mm)
钻孔灌注桩		水下区及泥下区	75
承台	海上	潮差区	90
	陆上	大气区	75
桥墩		浪溅区及大气区	60
箱梁		大气区	40

3. 耐久性附加措施

工程根据不同情况和环境,采取混凝土结构表面防腐涂装、预应力筋保护、渗透性控制模板、局部使用环氧钢筋等附加措施,在斜拉桥主墩承台、塔座和浪溅区的下塔柱进行外加电流阴极保护。

4. 耐久性监测及验证

根据国际通用的耐久性预测模型和实测参数,上述耐久性措施已可以保证大桥混凝土结构达到 100 年的使用年限。然而,海洋环境混凝土结构耐久性预测的准确性在国内外尚存疑。国内目前主要依靠实验室快速试验获取的参数以及现场同条件养护构件破损试验结果间接推测钢筋脱钝时间,由于数据有限、间断、参数预选等方面的限制,且无动态反馈,因此基于各种数学模型的脱钝时间预测精度尚不清楚。为掌握大桥混凝土结构钢筋实际脱钝过程,确认耐久性防护措施的有效性,对大桥的使用性能和寿命进行可靠的预测和评估,工程特别设置了预埋式耐久性监测系统。

杭州湾跨海大桥工程建立现场暴露试验站是为了获取大桥实际混凝土结构在海洋环境作用下的耐久性实际参数,验证各种防护措施的有效性,为其他类似后续工程提供经验,也为国家规范的修订提供资料。同时,通过暴露站实际使用环境和人工模拟环境中混凝土试件的对比分析,建立两者之间的联系,从而实现利用快速人工模拟试验推测杭州湾跨海大桥实际使用性能和寿命的目标。

2.2.7 中国昂船洲大桥

昂船洲大桥是香港八号干线的重要跨海工程,位于香港昂船洲八号货柜码头和青衣九号货柜码头之间。大桥总长 1 596m,采用双塔斜拉桥结构形式,其中主跨 1 018m,边跨 289m,主塔采用变截面独柱结构形式,塔高 295m,为跨越独柱。主塔、主梁采用分离的两个钢箱梁结构,箱梁节段长度为 18m,每半主跨度桥面由 28 组斜拉索支撑,斜拉索间距为 18m。昂船洲大桥于 2004 年动工兴建。

昂船洲大桥作为连接香港新界东部与机场的主要干道,是当今世界跨度较长的斜拉桥之一,其设计使用寿命为 120 年。工程要求在设计使用年限内,可对大桥进行日常维护与检测,可更换部分次要构件,而无须对整个结构进行大修。昂船洲大桥位于伶仃洋海域,海洋环境具有高温、高盐的特点,腐蚀环境相当严酷,影响结构耐久性的主导因素是氯盐侵蚀引起的钢结构锈蚀。

昂船洲大桥混凝土结构的使用寿命与混凝土的抗氯离子渗透性及结构的钢筋保护层厚度密切相关。要保证大桥 120 年的使用寿命,混凝土结构应该采用高耐久混凝土,设置合理的保护层厚度,并根据结构特点及腐蚀条件采取相应的附加防腐蚀措施。对于钢结构,可以在使用耐腐蚀钢的基础上,采取各种防腐蚀措施来提高耐久性。混凝土结构和钢结构的耐久性方案要点如下。

1. 高耐久混凝土配制

利用低水胶比、微硅粉以及亚硝酸钙缓蚀剂配制具有高抗氯离子渗透性的海工耐久混凝土。

2. 钢筋保护层厚度

主梁混凝土结构保护层厚度增加到50mm,桥塔混凝土结构保护层厚度增加到60mm。

3. 混凝土结构附加防腐蚀措施

桥面采用最低使用寿命为50年的系统进行防水,桥塔部位混凝土采用硅烷浸渍材料进行涂装。

4. 耐腐蚀钢

塔柱上部的外表面采用1.4462不锈钢外套。

5. 钢结构防腐

主跨钢箱梁外部采用最低使用寿命为30年的涂装系统,内部进行除湿,保持相对湿度低于60%;钢锚箱采用最低使用寿命为30年的涂装系统;斜拉索采用平行钢丝束拉索,每根钢丝单独镀锌,并采用高密度聚乙烯(HDPE)外套保护。

6. 健康监测

昂船洲大桥建立了结构健康监测系统对大桥结构状态进行长期监测。健康监测系统包括8个模块系统及附属设备,即感应系统、数据采集及传输系统、数据处理及控制系统、结构健康评估系统、结构健康数据库管理系统、检测及维护系统、大桥几何线形及应变监测系统、模块管理系统。健康监测系统监控范围包括荷载源(风荷载、温度荷载、公路荷载、地震荷载、腐蚀状况)、系统特性(静态影响系数、整体动态特性)、大桥响应(几何布局、拉索作用力、应力/应变分布、残余疲劳寿命评估)等。

2.2.8 中国金塘大桥

舟山大陆连岛工程中的金塘大桥位于舟山金塘岛与宁波镇海之间,由东向西横跨灰鳖洋18.27km海面。金塘大桥包含主通航孔桥、东通航孔桥、西通航孔桥、非通航孔桥、浅水区引桥、金塘侧引桥、镇海侧引桥,大桥全长21.020km。大桥主通航孔为主跨620m的五跨钢箱梁斜拉桥,其他为整孔吊装、悬臂浇筑或整孔支架及移动模架现浇的预应力混凝土连续刚构及连续梁桥,下部主要采用钢管桩和钻孔灌注桩、现浇墩身和预制墩身结构。金塘大桥于2006年动工兴建,目前已经贯通,是舟山大陆连岛工程5座主桥中最长的一座跨海大桥。

金塘大桥所处位置的气象、水文、地形、地质等条件十分复杂，环境腐蚀类型为Ⅲ类海水氯化物引起钢筋锈蚀的近海或海洋环境，作用等级从中等程度（C级）至极端严重程度（F级），结构设计使用年限为100年。大桥所处海域环境类似于杭州湾跨海大桥，混凝土结构劣化的最主要原因是氯离子渗透导致的钢筋锈蚀。工程采用 NT Build 492 方法[11]检测混凝土的抗氯离子渗透性，各结构部位混凝土抗氯离子渗透性要求见表2-12。

金塘大桥结构混凝土的氯离子扩散系数设计要求　　表2-12

结构部位		84d混凝土氯离子扩散系数（$10^{-12}\text{m}^2/\text{s}$）
钻孔灌注桩	陆上部分	≤3.0
	海上部分（含滩涂）	≤2.5
承台	陆上部分	≤3.0
	海上部分	≤2.5
墩身	陆上部分（现浇）	≤2.0
	海上部分（现浇含滩涂）	≤2.0
	海上部分（预制）	≤1.5
箱梁	现浇	≤1.5
	预制	≤1.5
主塔		≤1.5

工程将限制氯离子扩散系数和设置合理的钢筋保护层作为保证大桥钢筋混凝土结构100年设计使用年限的基本措施，其耐久性技术要点如下。

1. 高性能混凝土

金塘大桥工程的耐久设计以提高混凝土耐久性为核心，提出了抗渗性与抗裂性并重的耐久性设计理念，并以混凝土各项性能的均衡发展为目标，规定了不同工程部位混凝土的水胶比范围及胶凝材料用量范围。通过对混凝土各组分的优选，最佳掺量、最佳配合比等参数的确定，达到同时提高混凝土材料自身抗裂能力与抗渗能力的目的。

2. 钢筋保护层厚度

金塘大桥的构件形式与杭州湾跨海大桥基本相同，不同部位最小保护层厚度也与杭州湾跨海大桥的一致，见表2-13。

金塘大桥混凝土各部位钢筋最小保护层厚度　　表2-13

结构部位		腐蚀环境	最小保护层厚度（mm）
钻孔灌注桩		水下区及泥下区	75
承台	海上	潮差区	90
	陆上	大气区	75
桥墩		浪溅区及大气区	60
箱梁		大气区	40

3. 耐久性附加措施

金塘大桥根据不同构件类型及腐蚀环境等级,采取了渗透性控制模板、环氧涂层钢筋、聚丙烯纤维和阻锈剂等附加措施。

2.2.9 中国青岛海湾大桥

青岛海湾大桥东起青岛主城区 308 国道杨家群入口,跨越胶州湾海域,西至黄岛红石崖,通车里程 36.48km。青岛海湾大桥是国家高速公路路网规划中"青岛至兰州高速公路"青岛段的起点,也是青岛道路交通规划网络布局中胶州湾东西岸跨海通道"一路、一桥、一隧"的重要组成部分[12]。

青岛海湾大桥横跨胶州湾海域,其海水盐度为 2.94%~3.26%,在一般年份 12 月下旬开始结冰,2 月中旬解冻,冰期在 60d 左右,年平均有 50 次左右的冻融循环。青岛海湾大桥是我国北方的第一座特大型桥梁集群工程,也是我国第一座有抗冻要求的跨海大桥,作用等级从中等程度(C 级)至非常严重程度(E 级)的氯盐腐蚀环境,设计基准期为 100 年。青岛海湾大桥耐久性要求中最重要的就是混凝土的抗氯离子渗透性及抗盐冻性。

青岛海湾大桥工程根据不同结构形式和环境特点,对不同结构所处的不同腐蚀环境划分了相应的作用等级,制定了相应的耐久性技术指标,并采用电通量法[13]与非稳态快速氯离子迁移系数法(RCM 法)[11,13]双标准来评定混凝土的抗氯离子渗透性。对于混凝土的抗冻性,青岛海湾大桥采用快冻法(满足 300 次冻融循环)以及气泡间距系数法(<300μm)来控制施工中混凝土的抗冻性。青岛海湾大桥混凝土结构的耐久性设计指标见表 2-14。

青岛海湾大桥混凝土结构耐久性设计指标　　　　表 2-14

区段	构件类型	混凝土强度等级	84d 抗渗透性能		28d 抗冻性能
			氯离子扩散系数 ($10^{-12}m^2/s$)	电通量(C)	快冻法(循环次数)
海上段	桩	C35	2.0	1 500	—
	承台	C35	1.5	1 000	300
	墩身	C40/C50	1.5	1 000	300
	箱梁	C50	1.5	1 000	300
	桥塔下部	C50	1.5	1 000	300
	桥塔上部	C50	1.5	1 000	—
	湿接头	C50	1.5	1 000	300
	防撞墙	C40	1.5	1 000	300

青岛海湾大桥以配制低热低收缩的高耐久混凝土与设定合理的钢筋保护层作为保证大桥钢筋混凝土结构 100 年设计使用年限的基本措施,其耐久性技术要点如下。

1. 低热低收缩高性能混凝土

在青岛海湾大桥工程中,以低热低收缩高耐久混凝土为配制目标。在满足混凝土单位体积胶凝材料最低用量要求的前提下,尽可能降低硅酸盐水泥用量和拌和用水量,使用大掺量优质粉煤灰、磨细矿粉等矿物掺和料,以降低混凝土水化热温升和提高混凝土抗氯离子渗透性。工程规定了混凝土的最大、最小水胶比和单位体积胶凝材料最低、最大用量。

2. 钢筋保护层厚度

提高海工混凝土结构耐久性的一个重要途径就是根据结构的设计使用年限和所处环境作用等级,设置合理的钢筋保护层厚度。青岛海湾大桥海上段不同结构钢筋最小保护层厚度见表2-15。

青岛海湾大桥海上段不同构件的混凝土强度等级与钢筋最小保护层厚度　　表2-15

区段	构件类型	混凝土强度等级	最小保护层厚度(mm)
海上段	桩	C35 水下	75
	承台	C35	90
			78
	墩柱	C40/C50	75
	箱梁	C50	40
	桥塔	C50	75
			50
	湿接头	C50	40
	防撞墙	C40	40

3. 耐久性附加措施

青岛海湾大桥根据不同构件类型及腐蚀环境等级采取了不同的附加措施:对于桩基结构,采用永久性的钢护筒进行保护;对于承台、墩柱等结构,采用渗透性控制模板;对位于表湿区(高程 -2.40~6.0m 范围)的构件,采用表面涂层(在混凝土 18d 龄期涂装)进行保护;对于预应力箱梁湿接头部位混凝土,采用硅烷浸渍材料进行涂覆;对于通航孔桥主墩、辅助墩等结构,采用外加电流阴极保护技术进行防护。

4. 耐久性监测及验证

青岛海湾大桥拟在混凝土构件制作过程中提前埋制测试钢筋锈蚀传感器和接线装置,建立耐久性在线监测系统,通过数据采集、发射、接收等装置,获取混凝土内部不同深度处钢筋的状态,从而可以明确混凝土构件中受力钢筋的状态,并相应地制订经济合理的桥梁养护方案。

青岛海湾大桥根据桥梁的结构形式与环境特点,充分利用桥梁现有结构,建立原位暴露试验站,以掌握典型北方微冻海洋环境条件下的青岛海湾大桥混凝土耐久性发展规律,验证防腐蚀措施对于大桥整体结构耐久性的保护效果,为桥梁的后期维护、耐久性再设计提供技术依据。

2.2.10 中国深港西部通道工程

深港西部通道又名深圳湾公路大桥,连接香港及内地,全长约5.5km,包括深圳湾公路大桥、深港"一地两检"口岸及两侧接线工程,为国内当时规模最大的跨界交通建设项目。工程于2003年开工建设,2007年建成通车。

深港西部通道处于湿热的滨海环境,可能遭受的腐蚀作用有混凝土中性化(汽车尾气)、氯离子腐蚀(地下水)、硫酸盐腐蚀(地下水、土壤)等。影响深港西部通道结构混凝土耐久性的首要因素是海洋环境氯盐的侵蚀,工程设计使用寿命为120年。深港西部通道工程采用ASTM C1202库仑电量法[8,13]评价混凝土的抗氯离子渗透性,要求混凝土42d龄期的通过电量不超过1 500C。

深港西部通道采取以高性能混凝土技术为核心的综合耐久性策略和方案,并通过原材料性能、工艺设备的研究,提出符合实际情况和技术水平的施工措施和质量保证措施,确保高性能混凝土的质量符合耐久性设计要求,具体技术要求如下。

1. 高性能混凝土配制

深港西部通道工程采用大掺量的矿物掺和料以及高效减水剂来配制具有较高抗裂性能、工作性能、抗氯离子渗透性能的高性能混凝土,配合比见表2-16。

深港西部通道典型混凝土配合比参数 表2-16

部位	水胶比	水泥(%)	粉煤灰(%)	硅灰(%)	膨胀剂(%)	密度(kg/m^3)
桥梁承台	0.33	67	30	3.3	—	2 400
隧道	0.41	77	14	—	9	2 415

2. 裂缝控制措施

大体积混凝土裂缝控制首先采用ANSYS分析软件对混凝土结构温度应力进行模拟计算,提出相应的温控指标;在施工过程中采取各种降温措施以保证混凝土的入模温度及内部最高温度不超过温控指标要求;在混凝土结构中埋设相应的温度传感器,根据混凝土硬化过程中的温度变化情况确定适宜的拆模时间。

3. 健康监测

深港西部通道采用SZWBHMS系统进行长期在线实时健康监测,主要监测项目包括风速、风向、大气温湿度、降雨量等桥址处的环境影响因素,动态交通车辆荷载(桥梁活载)以及结构应力、温度、振动、偏位、线形挠度等桥梁结构在环境荷载以及结构恒活载作用下的结构响应。

2.2.11 韩国釜山—巨济连接线工程

釜山—巨济连接线工程是韩国东南部的重要基础设施,建成长约8km的连接韩国第二大城市釜山与巨济岛的高速公路,连接线包括一条在水下50m深、长约3 400m的沉管隧道和两座各长2km的斜拉桥,于2010年建成通车。

釜山—巨济连接线工程作为韩国东南部的重要基础设施,设计使用寿命要求达到100年,影响其耐久性的主要因素是氯盐侵蚀以及氯盐作用下的冻融循环,并参照欧洲DuraCrete[14]可靠度理论,按照90%保证率对钢筋混凝土沉管隧道、桥梁进行耐久性设计。工程采用氯离子快速迁移试验方法[11]对混凝土的抗氯离子渗透性能进行测试,耐久性设计指标见表2-17。

釜山—巨济连接线工程混凝土结构耐久性控制指标　　　表2-17

设计参数	说　明	沉　管		桥　梁
		主体	其余部分	
水胶比	W/B	0.35	0.35	0.325
粉煤灰最大掺量	胶凝材料质量百分含量	30	20	30
氯离子扩散系数(28d)	单位:$10^{-12}m^2/s$	6	5	3.5、6.5
圆柱体强度	单位:MPa	>35	>35	>50、>40

釜山—巨济连接线工程通过采用高性能混凝土,设定合理的钢筋保护层,严格控制混凝土温度与裂缝宽度,并在薄弱部位采取使用不锈钢钢筋或者涂层等措施,保证钢筋混凝土结构的设计使用寿命满足100年的要求,其具体技术要点如下。

1. 高性能混凝土的应用

工程采用高效减水剂、活性掺和料配制出结构密实、耐久性优良、工作性能与力学性能均衡发展的高性能混凝土,作为施工混凝土。严格按照韩国标准控制混凝土原材料品质,同时参考欧洲标准,结合工程实际,制定出符合工程需要的混凝土耐久性质量控制指标。

2. 保护层厚度的控制

混凝土保护层厚度的确定对确保混凝土对钢筋的保护作用十分关键。釜山—巨济连接线工程的沉管名义保护层厚度为75mm,并且在施工时严格控制保护层厚度偏差在±2mm以内。

3. 裂缝控制

为避免大体积混凝土产生的温度应力,施工要求控制混凝土内部最高温度不超过65℃,内外温差不超过20℃。因此,在施工中采用预埋温度传感器的方法对混凝土温升情况进行监控。一般情况下,一个沉管管段在24h内浇筑完成,通过现场实验室对混凝土温度情况进行实时监控,确定混凝土拆模时间,并针对不同情况采取暖气加热、预埋冷却水管等措施。混凝土脱模后,用移动养护棚覆盖喷水养护,同时还可以避免日光照射造成的混凝土表面开裂现象。

4. 防腐附加措施的应用

在沉管的某些特殊部位,由于结构形式的原因可能会出现混凝土保护层厚度偏小的情况,此时需要采用不锈钢钢筋提高结构的抗腐蚀能力。在沉管管段的接口位置,为防止对接施工对混凝土的磨损,在混凝土表面涂覆有一定厚度的涂层,作为防腐蚀的附加措施。

2.2.12 海洋环境混凝土结构耐久性措施总结

以上调研的国内外大型海洋工程结构整体耐久性要求极高,设计使用年限均在100年或者120年以上,且所处的环境均十分恶劣,需要承受强烈的氯盐腐蚀,甚至包括冻融、硫酸盐腐蚀等其他环境荷载的作用。现有工程均以提高混凝土材料的致密性为基本措施,根据具体的环境作用考虑使用附加措施。混凝土结构耐久性根据具体的环境条件、设计要求以及原材料特性,将混凝土技术措施和其他技术措施有机结合起来,采取综合耐久性措施以保证结构整体耐久性达到设计要求。国内外大型海洋工程混凝土结构采取的耐久性措施见表2-18。

国内外大型海洋工程混凝土结构采取的耐久性措施　　表2-18

耐久性措施及编号	基本措施			附加措施						
	1号	2号	3号	4号	5号	6号	7号	8号	9号	10号
丹麦大贝尔特海峡工程	√	√	√	√	√	√	√	√	—	—
丹麦—瑞典厄勒海峡交通工程	√	√	√	—	—	—	√	√	—	—
加拿大联盟大桥	√	√	√	—	—	—	—	—	—	—
中国香港青马大桥	√	√	√	—	—	—	—	√	—	—
中国东海大桥	√	√	√	√	√	√	√	√	—	—
中国杭州湾跨海大桥	√	√	√	√	√	√	√	√	√	√
中国昂船洲大桥	√	√	√	√	√	—	—	√	—	—
中国金塘大桥	√	√	√	—	—	—	—	—	—	—
中国青岛海湾大桥	√	√	√	√	√	—	—	√	—	√
中国深港西部通道工程	√	√	√	—	—	—	—	—	—	—
韩国釜山—巨济连接线工程	√	√	√	—	—	—	—	—	—	—

注:耐久性措施编号:1号-高耐久混凝土;2号-足够的保护层厚度;3号-裂缝控制技术;4号-硅烷浸渍;5号-混凝土表面涂层;6号-环氧钢筋;7号-不锈钢钢筋;8号-电化学保护;9号-阻锈剂;10号-透水模板布。

从厄勒海峡交通工程、昂船洲大桥等具有120年设计使用年限的工程建设经验来看,采取合理的设计指标、严格控制施工质量、明确规定后期维护等措施是工程耐久性保障的基本思路。国内已经建设了东海大桥、杭州湾跨海大桥和青岛海湾大桥等多座跨海桥梁工程,设计使用年限均达到了100年。混凝土结构耐久性的技术路线,都是通过采用海工高性能混凝土、规定最小保护层厚度、采取附加防腐蚀措施和严格施工管控的技术思路来实现工程耐久性目标。

综合现有工程经验,海洋环境中钢筋混凝土结构的耐久性保障需综合考虑施工、运营、管理、维护等多方面的因素,遵循"预防为主"的技术路线,将提高钢筋混凝土结构耐久性的基本措施与附加措施有机结合起来。从以上海洋工程来看,高耐久混凝土技术、裂缝控制技术以及合适的保护层厚度是提高混凝土结构耐久性的基本措施,也是混凝土结构耐久性防护的第一道防线。混凝土结构表面防腐涂装、渗透性控制模板、环氧涂层钢筋、外加电流阴极保护技术等是必要的附加措施,可以与基本措施一起构成综合性的耐久性防护体系,从而实现100年甚至更长的设计使用年限的耐久性目标。因此,港珠澳大桥混凝土结构在系统研究耐久性设计、施工质量控制和加强后期管理维护等技术的基础上,通过设计、施工、运营阶段耐久性保障技术体系的构建,有望满足工程120年使用寿命的要求。

2.3 港珠澳大桥混凝土结构环境作用与使用年限分析

根据港珠澳大桥工程场址的环境条件和环境作用因素的特点,港珠澳大桥混凝土结构构件可能发生的劣化机理包括:海洋氯离子导致的构件内部钢筋的锈蚀过程,由于大气中CO_2引起混凝土内部钢筋锈蚀过程,海水和地基(土)中盐类对混凝土的腐蚀进程,以及混凝土内部的化学反应进程。

2.3.1 基本环境类别与作用等级

根据目前对混凝土结构耐久性过程的研究,现行《混凝土结构耐久性设计规范》(GB/T 50476)[15]将自然环境中导致混凝土结构劣化的因素基本概括为混凝土表层的碳化、混凝土的冻融损伤、混凝土的氯离子侵入过程以及地下水、土中的侵蚀性化学物质的作用(包括盐类结晶作用)。环境类别可划分为一般环境、冻融环境、氯化物环境(包括海洋氯化物和除冰盐环境)以及化学腐蚀环境。GB/T 50476对自然环境中混凝土基本环境类别及作用等级的定义见表2-19与表2-20。

环境类别划分(GB/T 50476 表3.2.1) 表2-19

环境类别	名 称	腐蚀机理
Ⅰ	一般环境	保护层混凝土碳化引起钢筋锈蚀
Ⅱ	冻融环境	反复冻融导致混凝土损伤
Ⅲ	海洋氯化物环境	氯盐侵入混凝土内部引起钢筋锈蚀
Ⅳ	除冰盐等其他氯化物环境	氯盐侵入混凝土内部引起钢筋锈蚀
Ⅴ	化学腐蚀环境	硫酸盐等化学物质对混凝土的腐蚀

环境作用等级规定(GB/T 50476 表3.2.2) 表2-20

环境类别	环境作用等级					
	A 轻微	B 轻度	C 中度	D 严重	E 非常严重	F 极端严重
一般环境	Ⅰ-A	Ⅰ-B	Ⅰ-C	—	—	—
冻融环境	—	—	Ⅱ-C	Ⅱ-D	Ⅱ-E	—
海洋氯化物环境	—	—	Ⅲ-C	Ⅲ-D	Ⅲ-E	Ⅲ-F
除冰盐等其他氯化物环境	—	—	Ⅳ-C	Ⅳ-D	Ⅳ-E	—
化学腐蚀环境	—	—	Ⅴ-C	Ⅴ-D	Ⅴ-E	—

港珠澳大桥工程混凝土构件涉及的环境作用类别和作用等级见表 2-21。

港珠澳大桥混凝土构件的环境作用类别与作用等级划分 表 2-21

结构	具体构件	环境类别	作用因素	作用等级
桥梁	箱梁(内侧)	Ⅰ 一般环境	大气中的温湿度变化与 CO_2	Ⅰ-B
	承台(水下)、桩	Ⅲ 海洋氯化物环境	海水、海浪和飞沫中的氯离子	Ⅲ-C
	桥面板、箱梁(内侧)、主塔			Ⅲ-D
	承台、桥墩、箱梁			Ⅲ-F
	桩、承台(水下)	Ⅴ 化学腐蚀环境	侵蚀性物质的化学腐蚀作用 (SO_4^{2-},Mg^{2+},CO_2,pH)	Ⅴ-D
隧道	隧道(内侧)	Ⅰ 一般环境	温湿度变化与 CO_2	Ⅰ-B
	隧道(内侧)	Ⅲ 海洋氯化物环境	海水、海浪和飞沫中的氯离子	Ⅲ-D
	隧道(外侧)			Ⅲ-F
	隧道(外侧)	Ⅴ 化学腐蚀环境	化学腐蚀作用 (SO_4^{2-},Mg^{2+},CO_2,pH)	Ⅴ-D

按照混凝土结构构件的位置以及现有的桥位水质分析报告,环境对具体混凝土构件的作用类别和作用等级可归纳如表 2-22。对于一个混凝土构件,可能同时有几种环境作用;对于同一环境类别,同一构件在不同的位置可能有不同的环境作用等级。对于耐久性设计所依据的环境作用等级,其确定需要同时考虑上述两个方面的因素。

港珠澳大桥混凝土构件耐久性设计环境作用类别与作用等级 表 2-22

结构	构件名称	位置和部位	环境作用		
			一般环境	海洋氯化物环境	化学腐蚀环境
非通航孔桥	组合梁桥面板	海中段	—	Ⅲ-D	—
	混凝土箱梁	内侧	Ⅰ-B	Ⅲ-D	
		外侧		Ⅲ-F	
	桥墩	内侧		Ⅲ-D	
		外侧		Ⅲ-D,E,F	
	承台	海中段	—	Ⅲ-C	Ⅴ-D
		岛桥结合部	—	Ⅲ-F	
	桩基础(钢管复合桩)	泥下区		—	
	桩基础(钻孔桩)	泥下区		Ⅲ-C	Ⅴ-D
九洲航道桥与江海直达船航道桥	主塔	+4.8～+18.8m	—	Ⅲ-D,E,F	
	桥墩	—		Ⅲ-E,F	
	承台	—		Ⅲ-F	
	桩基础(钢管复合桩)	水下区		Ⅲ-C	
	桩基础(钻孔桩)	泥下区	—	Ⅲ-C	Ⅴ-D

续上表

结构	构件名称	位置和部位	环境作用		
			一般环境	海洋氯化物环境	化学腐蚀环境
青州航道桥	主塔	+7.8m 以上	—	Ⅲ-D,E	—
	桥墩	—	—	Ⅲ-E,F	—
	承台	—	—	Ⅲ-F	—
	桩基础(钢管复合桩)	水下区	—	Ⅲ-C	V-D
	桩基础(钻孔桩)	泥下区	—	Ⅲ-C	V-D
沉管隧道	沉管(海中节段)	外侧	—	Ⅲ-F	V-D
		内侧	Ⅰ-B	Ⅲ-D	—
	沉管(暗埋段、敞开段)	外侧	—	Ⅲ-F	V-D
		内侧	Ⅰ-B	Ⅲ-F	—

2.3.2 耐久性极限状态

港珠澳大桥混凝土构件的耐久性终结时对应的状态称为耐久性极限状态。根据其具体劣化过程的不同，构件的耐久性极限状态汇总于表 2-23。确定耐久性设计的极限状态需要综合考虑构件的正常使用功能、构件对结构安全性的重要程度以及构件自身的可维护性。

混凝土构件耐久性设计极限状态　　表 2-23

极限状态	表示符号	环境作用类别	极限状态含义	应用范围
钢筋开始发生锈蚀的极限状态	(a)	Ⅰ,Ⅲ,Ⅳ	允许腐蚀性介质侵入混凝土内部，但不允许钢筋发生锈蚀	钢筋混凝土构件、预应力混凝土构件
混凝土表面发生轻微损伤的极限状态	(b)	Ⅱ,Ⅴ	允许混凝土劣化过程发生，但劣化程度不得超过限定值	素混凝土构件

2.3.3 混凝土构件的设计使用年限

港珠澳大桥的整体设计使用年限为 120 年。结构整体使用年限通过构件的设计使用年限的设定来实现。构件的设计使用年限需要综合考虑构件的重要性、可更换性，针对具体环境作用下的耐久性极限状态来确定。构件设计使用年限的总体确定原则是：不可更换的构件、难以维护的构件以及结构主要构件至少需要达到结构整体使用年限；可更换构件、可维修的次要构件的设计使用年限可视具体情况低于总体设计使用年限，但要明确其预定的更换次数和维修次数。

表 2-24 汇总给出了港珠澳大桥桥梁结构、隧道结构、人工岛结构的各主要混凝土构件的设计使用年限值、耐久性设计的控制环境作用等级以及设计使用年限终结对应的耐久性极限状态。

港珠澳大桥工程混凝土构件设计使用年限分析　　　　　　表2-24

结构	构件	设计使用年限(年)	更换次数	控制环境作用等级	耐久性极限状态
非通航孔桥	组合梁桥面板	120	—	Ⅲ-D	(a)
	箱梁	120	—	Ⅲ-F	(a)
	桥墩	120	—	Ⅲ-C,E,F	(a)
	承台	120	—	Ⅲ-C,F	(a)
	桩基础	120	—	Ⅲ-C	(a)
通航孔桥	主塔	120	—	Ⅲ-F	(a)
	桥墩(辅助墩)	120	—	Ⅲ-F	(a)
	承台	120	—	Ⅲ-F	(a)
	桩基础	120	—	Ⅲ-C	(a)
隧道	沉管	120	—	Ⅲ-F	(a)

2.4 可行性分析

海洋环境中实现120年的耐久性设计的技术可行性主要取决于三个基本方面:①对海洋环境钢筋混凝土结构耐久性的科学认识的深入程度能够支撑长寿命工程设计;②长寿命耐久性设计的整体设计思路完善;③实现120年耐久性设计有数据积累、技术标准和工程实践方面的支撑。

在科学认识方面,海洋环境对钢筋混凝土结构的劣化作用主要体现在外部盐类对混凝土材料的腐蚀作用、外部的腐蚀性因素诱发的内部钢筋锈蚀作用以及可能存在的混凝土内部成分之间的长期反应。目前我们在混凝土耐久性的科学认识方面,较为深入地掌握了钢筋锈蚀过程的规律,相应的研究结合工程积累数据可以进行定量的耐久性设计,具体内容见本书第三章。对于盐类对混凝土的腐蚀以及混凝土内部长期作用,现有的科学认识给出了定性规律,但尚不能够支撑定量的耐久性设计,但是这些定性规律已经能够为工程限制这些不利过程提供混凝土原材料方面的要求。不能回避的是,随着科学认识的深入,不排除会有尚未发现和掌握的耐久性过程出现,这是进行长寿命耐久性设计不能排除的不可知因素。

在耐久性整体设计思路方面,混凝土结构长寿命耐久性设计的不确定性和不可知性是客观存在的,因此不可能通过设计阶段的一次耐久性设计考虑所有因素并获得很高的耐久性能保证率。合理的设计思路是通过设计阶段的耐久性设计,确定合理或者基本合理的耐久性指标,然后通过使用阶段的维护设计和维护活动来逐步纠偏,配合初始设计来逐步达到设计使用年限。这种全寿命的设计思路正逐渐为工程设计人员所接受,目前来看也是消除长寿命耐久性设计的不确定性、提高设计保证率的唯一合理方法。这种从"一次性"确定设计到全寿命"多次"设计与纠偏的设计思路的转变使长寿命耐久性设计成为可能。

从现有工程实践角度来看,现有技术规范(如 GB/T 50476)并没有直接给出大于 100 年使用年限的耐久性设计指标。使用年限在 100~120 年的长寿命海洋工程在国内外均有工程实践,这些工程采用类似的耐久性策略,即强调结构混凝土材料的本体耐久性能,应用长效的防腐蚀附加措施,同时辅以运营期的长期耐久性监测和维护。我国海洋工程混凝土技术与国外技术处于同一水平,制备高耐久的海工混凝土的相关技术较为成熟,同时考虑到混凝土结构的防护材料和防护技术近年来发展迅速,将来海洋环境混凝土结构耐久性提升技术可望有新的突破[16]。

因此,综合以上分析,虽然长寿命的混凝土结构耐久性设计仍然存在科学认识层面上的不可知性,但对于港珠澳大桥混凝土结构,若基于目前海洋环境混凝土结构耐久性的正确科学认识,采用全寿命"多次设计"与"质量控制+性能纠偏"的整体设计思路,同时充分参考国内外同类工程的既有经验,则完成针对 120 年使用年限的耐久性设计在技术上是可行的。

第3章 混凝土结构耐久性设计与施工技术分析

3.1 概 述

本章引入可靠度理论开展大型跨海集群工程的耐久性设计,利用相似环境的混凝土耐久性暴露试验与工程调查试验数据开展概率统计分析,提出基于可靠度理论的混凝土结构耐久性设计方法;针对施工耐久性质量控制,研究建立了室内快速耐久性试验方法及快速耐久性试验指标与长期暴露试验之间的相关关系,在可靠度理论的基础上建立结构材料性能与混凝土设计使用寿命之间的定量关系,确定满足120年使用寿命要求的耐久性控制指标;以耐久性指标为主要目标,开展了抗裂、耐久、易施工等综合性能优异且符合工程设计要求的高性能海工混凝土的配制技术研究。

本章以120年使用寿命为目标,总结了针对施工阶段的混凝土质量控制措施和耐久性技术措施,包括现场施工过程中的混凝土耐久性质量检验与控制技术、重点结构部位开展混凝土防腐蚀技术、满足120年使用寿命要求和全寿命成本的防腐蚀附加技术措施、沉管管段大体积混凝土温度应力监测与裂缝控制技术以及混凝土耐久性监测预警技术。本章还给出了港珠澳大桥混凝土结构耐久性设计和施工控制的主要技术考量。本章的内容细节在同系列专著《港珠澳大桥混凝土结构耐久性设计与施工技术》[5]中有详细论述。

3.2 基于可靠度理论的混凝土结构耐久性设计过程

3.2.1 耐久性设计原则

1. 耐久性设计内容

港珠澳大桥混凝土结构耐久性设计包括耐久性基本措施和附加措施两个层次。基本措施包括混凝土材料成分、致密性和构件构造措施,附加措施包括对材料和构件进行的外加防护措施。港珠澳大桥混凝土结构耐久性设计的基本思想是在材料和工艺技术能够保证的前提下使用混凝土材料本身和构件构造水平上的耐久性基本措施来实现耐久性要求;对于基本措施不能完全保证构件的设计使用年限或有基本措施无法应对的环境作用因素的情况下,需要考虑

耐久性附加措施。根据目前对混凝土结构耐久性的认识水平,耐久性设计包括以下内容[15]:

(1)混凝土结构与构件的设计使用年限、环境类别及其作用等级;

(2)混凝土结构与构件的耐久性概念设计,包括结构形式、布置和构造;

(3)混凝土结构材料的耐久性质量与指标要求;

(4)钢筋的混凝土保护层厚度;

(5)混凝土裂缝控制要求;

(6)结构与构件的防水、排水等构造措施;

(7)严重环境作用下合理采取防腐蚀附加措施或多重防护策略;

(8)耐久性所需的施工养护制度与保护层厚度的施工质量验收要求;

(9)结构使用阶段的维护、修理与检测要求。

2. 耐久性控制过程评估

(1)海水氯离子侵蚀导致的钢筋锈蚀:海水氯离子侵蚀是工程混凝土结构与构件耐久性的主要控制对象,其对钢筋混凝土构件(包括预应力混凝土构件)的作用程度根据构件所处位置的不同而不同。

(2)混凝土表层碳化导致的钢筋锈蚀:混凝土表层碳化过程对暴露在大气中的箱梁、桥墩等构件的外表面作用轻微,相对于海洋氯离子环境作用不是耐久性设计的控制因素。箱梁的内表面和隧道沉管的内部构件主要受到碳化环境的作用。在沉管隧道的内壁,隧道交通量导致内部二氧化碳积聚水平较高,碳化程度较高,其碳化进程对钢筋锈蚀的影响需要定量计算。

(3)海水中盐类的腐蚀作用:海水的盐类腐蚀主要考虑硫酸盐类对结构混凝土的化学腐蚀作用,具体涉及与海水直接接触的承台、桥梁桩基础、隧道沉管以及人工岛沉箱。外部硫酸盐侵蚀的控制可通过限制水泥成分、提高混凝土本身的致密性实现,并且海水中较高浓度的氯离子对硫酸盐化学腐蚀有抑制作用。港珠澳大桥用混凝土的水胶比在 0.35 以下,同时掺加有大量的矿物掺和料,可大幅降低海水硫酸盐对结构混凝土的腐蚀,因此海水外部硫酸盐侵蚀不是耐久性设计的控制因素。

(4)结构混凝土内部的碱-集料反应:根据港珠澳大桥混凝土原材料控制原则,严禁使用活性集料,并控制水泥碱含量指标,可初步判定结构混凝土基本无发生碱-集料反应的可能性。

(5)结构混凝土内部的硫酸盐反应:通过控制水泥 C_3A 含量和 SO_3 含量,并严格限制构件内部水化温升与内外温差,内部硫酸盐反应发生的可能性较小,不是耐久性控制因素。

根据各种耐久性过程的危险性分析,确定主要针对海洋氯离子环境钢筋混凝土构件的锈蚀过程展开定量的耐久性设计,根据构件的使用年限和耐久性极限状态确定耐久性设计参数。

3. 耐久性定量设计过程

海洋环境氯离子侵入混凝土内部引起钢筋的锈蚀过程是耐久性控制过程,设计需要针对港珠澳大桥工程环境条件和混凝土材料具体特点建立耐久性模型。设计基本过程如下:首先确定氯离子侵入模型和设计参数,根据暴露试验和工程观测数据得到各个参数的统计特征;接着使用全概率方法按照 $\beta = 1.3$ 的可靠指标水平校准耐久性参数的分项系数;然后使用分项系数法确定对应设计年限的混凝土结构耐久性指标的设计值;最后通过暴露环境与室内试验相关性研究,确定施工过程的耐久性质量控制指标。

3.2.2 耐久性设计模型和参数

1. 氯离子侵入设计模型

耐久性设计采用工程广泛使用的费克第二定律[14,17]来描述氯离子在混凝土中的迁移规律。使用该模型的近似概率(分项系数)设计方程见式(3-1)[2],式中带有下标 d 的变量为参数的设计值,无下标 d 的变量为参数的特征值。

$$G = C_{cr,d} - C_{s,d}\left[1 - \mathrm{erf}\left(\frac{x_d}{2\sqrt{D_{28,d} \cdot \eta_d \cdot t_{SL}}}\right)\right]$$

$$= \frac{C_{cr}}{\gamma_c} - \gamma_s C_s\left[1 - \mathrm{erf}\left(\frac{x_d^{nom} - \Delta x_d}{2\sqrt{(\gamma_D D_{28}) \cdot (\gamma_\eta \eta) \cdot t_{SL}}}\right)\right] \geqslant 0 \quad (3\text{-}1)$$

式中:C_{cr}——混凝土中钢筋锈蚀的临界氯离子浓度(%胶凝材料质量);

γ_c——临界浓度的分项系数;

C_s——混凝土表面氯离子浓度(%胶凝材料质量);

γ_s——表面氯离子浓度的分项系数;

D_{28}——暴露条件下混凝土28d氯离子扩散系数(m²/s);

γ_D——扩散系数的分项系数;

γ_η——氯离子扩散系数衰减率的分项系数;

x_d^{nom}——耐久性保护层厚度的名义设计值;

Δx_d——保护层厚度的允差;

t_{SL}——暴露时间;

η——氯离子扩散系数的衰减率,由下式表示:

$$\eta = \begin{cases} \left(\dfrac{28}{365 t_{SL}}\right)^n, & t_{SL} \leqslant 30 \\ \left(\dfrac{28}{365 \times 30}\right)^n, & t_{SL} > 30 \end{cases} \quad (3\text{-}2)$$

2. 设计模型参数

在可靠度理论中,设计参数的特征值对应该参数统计分布的 p 分位点值。对于荷载作用,

p 通常取 90% 或 95% 分位值;对于抗力项,p 通常取为 5% 或 10% 分位值;当参数离散性不大时,也可以将均值(50% 分位)取为特征值。考虑到各个参数的离散性和目标可靠度指标数值较小($\beta = 1.3$),这里使用各个参数平均值为特征值(代表值),以下给出各个设计变量的特征值与分项系数。

(1) 保护层厚度

保护层厚度的设计值在近似概率分析中使用安全裕度来表达其离散性和统计规律:

$$x_d = x_d^{nom} - \Delta x_d \tag{3-3}$$

式中:Δx_d——保护层厚度的安全裕度(对应施工操作的允差);

x_d^{nom}——保护层厚度的名义设计值。

保护层的允差主要由施工操作因素控制。根据工程调查数据,混凝土构件保护层厚度的统计标准差为 5.26mm,对应 95% 保证率的安全裕度确定为 10mm。

(2) 混凝土表面氯离子浓度

混凝土表面氯离子浓度的设计值表达式为:

$$C_{s,d} = A' \left(\frac{w}{b} \right) \cdot \gamma_s \tag{3-4}$$

式中:A'——混凝土表面浓度系数;

w/b——混凝土的水胶比。

表面氯离子浓度属于环境作用,采用均值作为特征值。

(3) 混凝土氯离子扩散系数

氯离子扩散系数的表达式包含两个统计变量:28d 氯离子扩散系数 D_{28} 和扩散系数衰减率 η。其中 D_{28} 是特征值,取为统计分布的均值。如式(3-2)中衰减指数 n 为正态分布,则衰减率为对数正态分布,η 为衰减指数的特征值,γ_η 为其分项系数。

28d 氯离子扩散系数的设计值表达式为:

$$D_{28,d} = D_{28} \cdot \gamma_D \tag{3-5}$$

(4) 临界氯离子浓度

临界氯离子浓度的设计值表达为:

$$C_{cr,d} = \frac{1}{\gamma_c} C_{cr} \tag{3-6}$$

临界氯离子浓度采用均值作为特征值,对于不同的暴露部位有不同的统计分布特征,具体表达见文献[18]。设计采用的各个参数的设计值和分项系数汇总见表 3-1。

设计参数的特征值及分项系数　　　　　　　表 3-1

环境条件	临界氯离子浓度(%胶凝材料质量)		表面氯离子浓度(%胶凝材料质量)		扩散系数衰减率		28d 扩散系数($10^{-12}m^2/s$)		保护层厚度(mm)	
	特征值	分项系数	特征值	分项系数	特征值	分项系数	特征值	分项系数	特征值	安全裕度
大气区	0.85	1.2	1.98	1.1	0.023	1.6	3.0	1.1	50	10
浪溅区	0.75	1.7	5.44	1.1	0.061	1.1	3.0	1.1	80	10
水变区	0.75	1.2	3.82	1.1	0.067	1.2	3.0	1.2	80	10
水下区	2.0	2.0	4.50	1.1	0.074	1.1	3.0	1.1	60	10

3.2.3 混凝土结构耐久性指标

根据式(3-1)的设计结果,港珠澳大桥混凝土结构耐久性主要设计参数的合理取值区间见表 3-2。

港珠澳大桥海洋环境不同暴露部位的耐久性指标要求　　　表 3-2

使用年限(年)	暴露环境	水胶比	氯离子扩散系数($10^{-12}m^2/s$)		混凝土保护层厚度(mm)
			28d	56d	
120	大气区	0.35	3.0~4.0	2.0~2.5	31~36
	浪溅区	0.35	3.0~4.0	2.1~2.6	74~85
	水下区	0.35	3.0~4.0	2.2~2.6	57~66

表 3-2 得到的氯离子扩散系数设计值对应于暴露环境的长期扩散系数,需要转化成短期的实验室加速试验扩散系数才能用于施工质量控制。研究通过复原试验建立的快速试验与暴露试验扩散系数之间的定量关系,就可以提出港珠澳大桥混凝土结构不同构件的现场耐久性质量控制指标,即快速氯离子迁移系数法(RCM 法)的氯离子扩散系数控制指标,见表 3-3。

港珠澳大桥混凝土构件耐久性质量控制指标　　　表 3-3

构件名称	部位/环境	设计使用年限(年)	环境作用等级	最小保护层厚度①(mm)	最大 RCM 法氯离子扩散系数($10^{-12}m^2/s$)	
					28d	56d
组合梁桥面板	大气区	120	Ⅲ-D	45	7.5	5.5
箱梁	内侧/大气区	120	Ⅲ-D/Ⅰ-B	45	6.0	4.0
	外侧/浪溅区	120	Ⅲ-F	75		
桥墩②	内侧/大气区	120	Ⅲ-D	50	6.5	4.5
	外侧/大气区	120	Ⅲ-E	50		
	浪溅区	120	Ⅲ-F	80		
承台	浪溅区	120	Ⅲ-F	80	6.5	4.5
	水下区	120	Ⅲ-C	65	7.0	5.0

续上表

构件名称	部位/环境	设计使用年限（年）	环境作用等级	最小保护层厚度①（mm）	最大 RCM 法氯子扩散系数（$10^{-12} m^2/s$）	
					28d	56d
钢管桩	水下区	120	Ⅲ-C	60	7.0	5.0
钻孔灌注桩	水下区	120	Ⅲ-C	65	7.0	5.0
通航孔桥主塔	大气区	120	Ⅲ-E	50	7.5	5.5
	浪溅区	120	Ⅲ-F	80	6.5	4.5
沉管	大气区③	120	Ⅲ-D/Ⅰ-B	50	6.5	4.5
	水下-浪溅区④	120	Ⅲ-E/F	70		

注：同一构件，按照最严酷的环境作用等级设计混凝土的最大氯离子扩散系数，环境作用的差异通过最小保护层厚度取值来体现。
①混凝土的最小保护层厚度未考虑施工偏差，若降低保护层厚度取值，需按照耐久性设计模型重新核算，相应降低混凝土的最大氯离子扩散系数。
②部分桥墩（非通航孔桥）位于水下区，中空桥墩一侧临海水、另外一侧接触空气的情况，应按照Ⅲ-F来考虑。
③沉管大气区包括海中隧道管节的内表面，考虑海洋大气作用。
④沉管外侧包括岛隧连接段的沉管敞开段和暗埋段，以及海中节段的外表面，由于一侧临水或埋于海泥中，一侧为中空结构，所处环境介于水下区与浪溅区之间。如果进一步考虑海中节段海水渗入以及其他对内侧钢筋腐蚀不利的因素，可将海中节段内表面的保护层厚度适当加大。

3.3 混凝土施工质量控制

提高混凝土结构耐久性可采取多种技术措施，其中配制长寿命混凝土是提高混凝土结构耐久性最有效、最直接且最经济的基本措施。工程根据大桥所处环境条件、混凝土原材料以及耐久性指标要求，通过对新拌混凝土及硬化混凝土性能的研究，确定长寿命混凝土配合比控制关键参数，最终针对不同构件配制出满足要求且综合性能优良的长寿命海工高性能混凝土。

3.3.1 混凝土原材料控制与要求

港珠澳大桥工程混凝土原材料的技术要求根据原材料性能测试结果，参考了金塘大桥、青岛海湾大桥、杭州湾跨海大桥等国内重大工程和国内外混凝土原材料技术标准，提出本工程长寿命高性能混凝土的原材料控制技术指标，作为施工现场原材料质量控制依据。

1. 水泥

用于港珠澳大桥工程的水泥需要质量稳定，在满足混凝土配制强度的同时，有利于混凝土抗裂性能及耐久性能的提高。工程宜采用强度等级不低于42.5级，质量符合国家标准《通用硅酸盐水泥》（GB 175—2007）的Ⅰ型和Ⅱ型低碱硅酸盐水泥（代号 P·Ⅰ 和 P·Ⅱ），不得使用立窑水泥。

水泥中铝酸三钙（C_3A）的3d水化热分别是硅酸三钙（C_3S）的3.7倍和硅酸二钙（C_2S）的

17.7倍,7d水化热则分别约为C_3S的7倍和C_2S的37倍;C_3A的收缩率大约是C_3S和C_2S的3倍。因此,大体积长寿命海工高性能混凝土选择水泥时,除强度指标外,还需控制水泥中铝酸三钙(C_3A)的含量。港珠澳大桥各类结构混凝土用水泥中C_3A含量宜控制在6%~12%范围内,对于大体积混凝土结构,宜低于8%。

水泥磨细后细颗粒增多,比表面积加大,过大的水泥比表面积会加快水泥的水化速率,增加水泥的早期水化热,增大混凝土温度收缩。水泥过细对大体积混凝土抗裂不利。根据多个大型重点工程的成功经验,水泥比表面积不超过400m²/kg为宜,对大体积混凝土宜不超过350m²/kg。

防止混凝土发生碱-集料反应应限制水泥的含碱量。实践表明,无论集料是否存在碱活性,高含碱量会增加收缩,导致混凝土开裂。参照美国垦务局的建议[19],为防止混凝土开裂,水泥中的碱含量应不超过0.8% Na_2O当量。出于控制混凝土中水溶性氯离子含量的考虑,工程要求水泥中氯离子含量不超过0.06%。

2. 粉煤灰

粉煤灰是燃烧煤粉后收集到的灰粒,按煤种分类可分为C类和F类。C类粉煤灰中CaO、MgO含量较高,在混凝土中容易引起有害的膨胀。港珠澳大桥工程混凝土应使用由无烟煤或者烟煤煅烧收集且组分均匀、各项性能指标稳定的F类原状灰。

按细度、需水量比和烧失量,粉煤灰可分为Ⅰ级、Ⅱ级和Ⅲ级,其品质对混凝土的性能有较大影响。Ⅲ级粉煤灰细度偏大,含碳量高,混凝土需水量大,坍落度损失快,并对混凝土抗渗、抗裂、耐久性能有不良影响。Ⅰ级粉煤灰性能优异,鉴于工程周边Ⅰ级粉煤灰产量不高,工程混凝土选用Ⅰ级或准Ⅰ级粉煤灰,其中准Ⅰ级粉煤灰除了需水量比放宽至不大于100%外,其余的细度、烧失量、SO_3含量、游离氧化钙、含水量等指标均需满足Ⅰ级粉煤灰要求。

3. 粒化高炉矿渣粉

粒化高炉矿渣粉是冶炼生铁时从高炉中排出的废渣经粉磨形成的粉状渣,主要化学成分是SiO_2、Al_2O_3、CaO、Fe_2O_3等,按照活性可分为S105、S95和S75三个等级。

粒化高炉矿渣粉越细,活性越高,混凝土越容易开裂。在一定范围内,掺矿粉混凝土的水化温升与收缩随矿渣掺量的增加而增大。为充分发挥矿粉的火山灰效应,在提高混凝土强度与耐久性的同时,尽量降低混凝土水化温度与收缩,矿粉7d活性不宜低于75%,28d活性不宜低于95%,比表面积以不超过500m²/kg为宜,大体积混凝土比表面积宜不超过440m²/kg。

4. 减水剂

聚羧酸系减水剂是性能优异的新型减水剂,具有掺量低、减水率高、保坍性好、适应性强等特点,并可综合改善混凝土的力学性能、耐久性能和抗裂性能。本工程采用聚羧酸减水剂配制海工高性能混凝土,应满足《混凝土外加剂》(GB 8076—2008)中高性能减水剂的要求。

5. 细集料

细集料应选用级配合理、质地均匀坚固、吸水率低、空隙率小的洁净天然中粗河砂,不宜使用人工砂、山砂,不得使用海砂。细集料性能指标应符合《建设用砂》(GB/T 14684—2011)的规定。

6. 粗集料

级配良好的粗集料间的空隙率较低,能够减少填充空隙的胶材用量,从而有利于大体积混凝土抗裂。粗集料中含泥量过多对混凝土强度、干燥收缩、抗冻、徐变、抗渗及和易性能都将产生不利影响,尤其会增加混凝土收缩,使抗拉强度降低。碱-集料反应能引起混凝土体积膨胀、开裂,严重影响工程质量。

本工程高性能混凝土粗集料应选用级配合理、粒形良好、质地均匀坚固、线膨胀系数小的洁净碎石,碎石宜采用反击破工艺生产,混合级配紧密堆积空隙率不宜大于40%,粗集料最大公称粒径不应大于25mm。

3.3.2 混凝土配合比设计原则

1. 水胶比选择

研究表明,随着水胶比的降低,混凝土的抗压强度会提高,抗氯离子扩散系数会减小。根据本工程各类结构混凝土的性能指标要求,配合比试验水胶比采用0.29~0.38,研究水胶比对混凝土各项性能尤其是混凝土抗氯离子渗透性能的影响,为主体结构混凝土配合比优化提供指引。

2. 胶凝材料组成

混凝土中单掺适量的粉煤灰、磨细矿渣粉可明显改善混凝土的工作性,提高混凝土的后期强度发展,提高混凝土的体积稳定性和抗氯离子渗透性。而混合掺入粉煤灰与磨细矿渣粉,更有利于降低混凝土的温升,减缓混凝土的温降。胶凝材料中混合掺入粉煤灰与磨细矿渣粉比单独掺入等量粉煤灰或磨细矿渣粉的体系开裂敏感性更低,抗裂性能更好,体积稳定性和抗氯离子渗透性更好。

通过胶凝材料水化热试验发现,随着粉煤灰掺量的逐渐增多,胶凝材料的放热总量和放热速率均出现不同程度的下降,并发现在水化反应的初始阶段粉煤灰已经参与了水化放热反应,且随着水化龄期的增加,粉煤灰参与水化反应的程度也随之增大。单独掺入磨细矿渣粉的胶凝材料体系,随着磨细矿渣粉掺量的增大,放热速率和放热总量出现不同程度的降低,当磨细矿渣粉掺量增大到70%的时候,放热速率显著降低。混合掺入粉煤灰与磨细矿渣粉更能降低胶凝材料的放热速率、放热总量,减缓水化放热速率变化趋势,更有利于降低混凝土的温升,减缓混凝土的温降。

粉煤灰的掺入,有抑制胶凝材料浆体早期收缩的作用,且随着粉煤灰掺量的增大,抑制收缩的效果更加明显,胶凝材料体系的开裂敏感性明显降低。掺入30%的磨细矿渣粉可以明显抑制胶凝材料体系的开裂,但随着磨细矿渣粉掺量的进一步增大,胶凝材料体系开裂敏感性也会增大。

3. 浆体率

混凝土配合比保证合适的浆体率,可解决强度、工作性和尺寸稳定性(弹性模量、干缩和徐变)之间的矛盾,可获得施工性能优良的混凝土拌和物。港珠澳大桥工程结构混凝土大部分为大体积混凝土,为降低混凝土的开裂风险,保证混凝土的耐久性,宜选取较低的浆体率。配合比试验浆体率控制在28%~29%。

4. 粗集料最大粒径

混凝土中粗集料与水泥砂浆的接触面一般是材料的薄弱环节,海水中的氯离子易从界面渗入到钢筋周围。为提高混凝土保护层抗氯离子渗透能力,粗集料最大粒径应小于保护层厚度。一般规定,粗集料的最大公称粒径不宜超过钢筋的混凝土保护层厚度的2/3,且不得超过钢筋最小间距的3/4。港珠澳大桥工程各类结构配筋较密,为保证混凝土的施工,粗集料最大粒径不应超过25mm。

5. 砂率的选择

混凝土要获得良好的工作性,存在一个最佳砂率,大型工程施工一般选择细度模数为2.3~2.9的Ⅱ区中砂。砂的细度模数通常不能完全反映颗粒组成差异,砂率还应根据砂自身的颗粒组成进行调整。细颗粒含量过高时应适当降低砂率,以防止过多的细颗粒引起集料裹浆量不足,导致管道润滑层摩擦阻力增大;细颗粒含量过低时则应适当提高砂率,增强浆体保水性能,降低离析倾向。根据港珠澳大桥工程混凝土的施工工艺,试验选择39%~43%的砂率。

6. 力学性能要求

试验表明,为保证混凝土拌和物具有良好的施工性能,混凝土的最小水胶比应不低于0.30,并且尽量不采用单掺大量磨细矿渣粉来配制混凝土。大量矿物掺和料混凝土早期的抗压强度低于基准混凝土,但随着矿物掺和料逐渐发挥火山灰效应,到56d龄期时掺入矿物掺和料的混凝土抗压强度与抗拉强度普遍高于基准混凝土强度。

7. 耐久性要求

单独掺入70%磨细矿渣粉以及混掺60%矿物掺和料降低混凝土氯离子扩散系数、提高混凝土抗氯离子渗透性的效果优于单掺30%粉煤灰的混凝土。水胶比提高,混凝土的氯离子扩散系数会出现不同程度的增大,要配制高抗氯离子渗透性的混凝土,必须根据耐久性设计要求严格控制混凝土的水胶比。

结合华南暴露试验站的长期观测,分析认为大掺量混掺活性掺和料体系是提高混凝土抗氯离子腐蚀最优的胶凝材料体系,且其对降低混凝土的绝热温升、提高混凝土的体积稳定性、提高混凝土后期强度的发展、控制大体积混凝土温度裂缝都有重要作用,因此大掺量混掺活性掺和料体系是配制长寿命海工高性能混凝土的基本途径。

8. 体积稳定性要求

单独掺入30%粉煤灰以及混掺60%矿物掺和料的混凝土的体积稳定性高于单掺70%磨细矿渣粉的混凝土。混凝土的体积稳定性随着水胶比的降低而降低,要配制高抗裂性的混凝土,混凝土的水胶比不能太小。

3.3.3 混凝土拌和物水胶比检测

在施工现场混凝土制备过程中,胶凝材料、减水剂等材料可以准确计量,计量的偏差很小,此类偏差对混凝土性能的影响很小。原材料中的砂、石由于受到货源供应以及气候变化等因素的影响,其含水率易发生变化。针对这种情况,目前普遍采用的方法是根据砂、石含水率计算其用水量,并在计量时从拌和用水中扣除相应水量。由于实际工程中砂、石含水率的变化几乎是一种常态,很难及时进行准确监测,在实际的混凝土质量控制中,通常是根据搅拌机电流的大小来调整用水量或者调整砂、石含水率,进而控制混凝土的工作性。因此,现场混凝土生产往往是将用水量控制在一个范围内,混凝土的单位用水量难以精确控制,混凝土的性能可能受到一定影响。

此外,在一些混凝土拌和物运输距离较远的情况下,混凝土的工作性易随运输时间的增加而下降。如果现场施工监管不严密,工作人员为了使混凝土拌和物重新获得较大的坍落度而直接向其中加水的现象也偶有发生。此种情况下所制备的混凝土用水量可能会显著提高,从而导致混凝土性能的不可控制。综合看来,工程施工过程中,在混凝土拌和物浇筑前进行水胶比的监测是质量控制的一项必要措施,对于确保硬化混凝土的力学性能和耐久性有积极作用,可有效保障工程建设品质,降低质量安全风险。

港珠澳大桥工程结构形式和服役环境复杂,工程设计对混凝土的性能尤其是耐久性提出了更高的要求。工程中一些关键混凝土结构,如沉管隧道等,均采用了大掺量矿物掺和料的高性能混凝土,混凝土的设计水胶比较小,同时使用了聚羧酸系高效减水剂。由于大掺量矿物掺和料的使用,采用基于稠度的方法进行混凝土拌和物水胶比检测时,现有经验曲线难以满足实际混凝土的需求。另外,由于混凝土水胶比较低,且大掺量的矿粉和高效减水剂的应用使混凝土拌和物的稠度较为敏感。除水胶比波动外,其他因素,如减水剂的波动,也对混凝土拌和物的稠度有明显影响。因此,采用基于稠度的方法进行水胶比检测,其检测的准确度和稳定性难以保证。

基于体积平衡法的水胶比检测方法结合混凝土设计配合比,通过测定混凝土拌和物的容重和含气量来计算其单位用水量、胶凝材料用量和水胶比等参数。检测过程中影响测试结果的因素相对较少,在保证所检测混凝土拌和物均匀性的前提下,检测结果具有良好的准确性和稳定性,适用于本工程大掺量矿物掺和料高性能混凝土水胶比的检测。

3.3.4 混凝土构件接触海水时间控制

1. 不考虑水化热时混凝土接触海水时间

由成熟度理论可知,混凝土成熟度可用温度和时间的乘积来衡量,改变混凝土的外部养护温度可以改变混凝土的成熟度。因此,在不同的环境浇筑温度和养护温度下,混凝土达到某成熟度所经历的时间也不相同。港珠澳大桥沉管隧道预制场的月平均温度见表3-4。

沉管隧道预制场月平均温度　　　　　表3-4

月份	1月	2月	3月	4月	5月	6月	7月	8月	9月	10月	11月	12月
平均温度(℃)	15	17	20	25	28	28	29	30	29	26	23	18

由上表可见,预制场的月平均气温在15~30℃之间。根据混凝土温度与成熟度之间的关系,计算可得沉管隧道在不同月份浇筑时达到预定混凝土成熟度所需养护龄期的推荐值和控制值,见表3-5。

不同月份浇筑时达到混凝土成熟度所需养护龄期的推荐值和控制值　　表3-5

月份	1月	2月	3月	4月	5月	6月	7月	8月	9月	10月	11月	12月
推荐龄期(d)	34	31	28	24	22	22	22	21	22	24	26	30
控制龄期(d)	24	22	20	17	16	16	15	15	15	17	18	21

2. 考虑水化热时混凝土接触海水时间

由于预制沉管属于大体积混凝土结构,混凝土中的胶凝材料在水化过程中产生的水化热无法在短时间内与周围的环境介质进行充分的热交换。水化热在混凝土内部积聚,导致混凝土的内部温度升高,并促进胶凝材料早龄期的水化进程,提高混凝土的成熟度。对于预制沉管混凝土结构,在监测混凝土内部温度的条件下,可考虑混凝土水化热对混凝土成熟度的影响。

胶凝材料水化热导致混凝土内部温度升高。混凝土的内部温度从混凝土的中心至混凝土的模板表面是一个逐渐降低的过程,而氯离子在混凝土中的渗透是从表面至混凝土内部的一个过程,所以混凝土靠近模板的浅表层(即钢筋的混凝土保护层范围)的成熟度是影响混凝土结构耐久性的关键部位。同时,对实体结构的钻芯部位也集中于混凝土表面的10~15cm。所以预制沉管混凝土浇筑后,工程对距混凝土表层10~15cm的温度进行了监控,结果见图3-1。

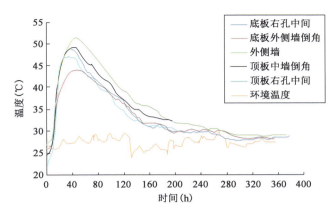

图 3-1 混凝土构件浅表层温度及环境温度

由图 3-1 可见,距混凝土表面 10~15cm 的混凝土浅表层的温度在浇筑后约 10d 龄期时与环境温度相当。显然预制沉管结构浅表层的混凝土成熟度要高于不考虑水化热作用的混凝土试块的成熟度。

混凝土在不同季节施工,周围环境温度不同会导致混凝土的入模温度不同,同时混凝土中心最高温度以及混凝土浅表层的温度都不相同,也会导致胶凝材料水化热对混凝土成熟度的影响不尽相同。但在夏季施工时混凝土的入模温度都控制在约 28℃,所以可以认为夏季施工时胶凝材料水化热对混凝土成熟度的影响大致相同。由图 3-1 可见,当混凝土浇筑时间达到 10d 后,混凝土浅表层的温度与环境温度较为接近,因此可认为混凝土浇筑 10d 后混凝土浅表层的温度即为外部环境温度。基于以上分析,对混凝土浅表层的温度进行积分计算,计算采用温度最低的底板外侧墙倒角处作为最不利状况,得到考虑胶凝材料水化热以及混凝土结构接触海水的控制成熟度为 13 962℃·h,相应的接触海水的推荐龄期和控制龄期见表 3-6。

考虑胶凝材料水化热时不同月份浇筑混凝土构件接触海水的推荐龄期和控制龄期　　表 3-6

月份	1月	2月	3月	4月	5月	6月	7月	8月	9月	10月	11月	12月
推荐龄期(d)	31	29	26	22	21	21	20	19	20	22	24	28
控制龄期(d)	22	20	19	16	15	15	14	14	14	15	16	19

3.3.5 钢筋的混凝土保护层厚度控制措施

对于 120 年设计使用寿命要求的工程,保证钢筋的混凝土保护层厚度尤为重要。混凝土结构耐久性设计中给出的保护层厚度为最小保护层厚度要求,不包括施工偏差。因此,对于钢筋的混凝土保护层厚度,验收规定不得出现负偏差。根据足尺模型试验情况,提出保护层厚度的控制措施如下:

(1) 为避免验收保护层厚度出现负偏差情况,在定制保护层垫块时,其厚度尺寸应在设计保护层厚度的基础上加上施工偏差。

(2) 足尺模型等试验表明,为了精确保证混凝土的保护层厚度,专门定制的垫块采用与混凝土材质相同的砂浆或细石混凝土,其强度与耐久性不低于构件本体混凝土。混凝土保护层垫块应采用专用模具加工而成,并严格控制尺寸偏差,要求垫块厚度尺寸不允许出现负偏差,正偏差不得大于2mm。

(3) 为进一步提高保护层厚度的均匀性,建议保护层垫块的布置密度适当增加,以减少浇筑后保护层厚度出现不符合要求的偏差的情况。

(4) 模板与保护层垫块安装好后,应预检保护层的厚度,不应低于设计要求,其正偏差不大于10mm;出现保护层厚度负偏差的区域,应增加垫块,及时进行调整,并安排专人复检。

通过上述改善措施,预期能达到的保护层厚度允许偏差为0~+10mm。相应的混凝土构件保护层厚度检测的合格判定标准如下:

(1) 受检构件的保护层厚度检测合格点率为90%及以上时,保护层厚度的检测结果应判定为合格。

(2) 保护层厚度检测的合格点率小于90%但不小于80%时,可再增加4根钢筋进行检测。当按两次抽样数量总和计算的合格点率为90%及以上时,保护层厚度的检测结果仍应判定为合格。

(3) 每次抽样检测结果中不合格点不应出现负偏差,最大正偏差不应大于15mm。

(4) 有受检构件保护层厚度的检测结果不合格时,判定该检验批不合格。

3.3.6 沉管全断面浇筑大体积混凝土裂缝控制

在混凝土配合比和施工温控方面,工程开展了沉管混凝土配合比初探设计、优化设计以及性能复验,研究了胶凝材料组成、胶凝材料用量、水胶比、碎石粒径等因素对混凝土性能的影响,对混凝土的综合性能特别是抗裂性能进行了定量评价,并针对坍落度在140~180mm范围内的大流动性混凝土,优选出满足沉管对混凝土性能要求并具有良好施工性能以及最优抗裂性能的沉管推荐配合比。依据沉管推荐配合比,利用自行开发的混凝土结构温度应力计算专用软件,针对入模温度、模板类型、拆模时间、室内养护温度、室内养护时间、室内养护方式、室外养护方式、室外养护温度等影响沉管节段抗裂性能的变量因素进行沉管节段开裂仿真分析,以沉管节段不出现危害性裂缝为目的确定了在夏季高温条件、冬季低温条件下的温度控制指标要求,如混凝土的浇筑温度、内部最高温度、内外温差、降温速率以及养护环境温度。

根据既定的沉管预制施工工艺,修正了沉管节段预制阶段的数值仿真模型。首先提出了混凝土早龄期本构模型,然后根据实际施工工艺确定了沉管节段预制阶段的边界条件、初始条件和计算参数,并建立了沉管节段预制阶段的数值仿真模型,开展了沉管足尺节段浇筑试验,验证了施工工艺及控裂技术。通过温度监测得到炎热季节的温度指标,并通过应变监测得到沉管典型部位应变发展规律。通过试验中暴露的问题,对沉管施工工艺及裂缝控制技术进行优化。基于修正的沉管节段预制阶段数值仿真模型,开展沉管足尺节段浇筑试验的仿真计算,将试验结果和数值计算结果进行对比研究,验证了数值仿真模型的正确性。结合沉管节段温度控制指标要求,通过类似工程控温工艺调研以及混凝土出机温度控制影响因素分析,明确港珠澳大桥工程沉管预制过程采用原材料降温结合碎冰+冷却水方式控制沉管混凝土的浇筑温度,并提出了各种原材料的温度指标要求。

工程依托港珠澳大桥沉管采用工厂化预制的有利条件,设计集温湿度监测、报警及自行调节环境温湿度功能于一体的节段混凝土专用养护系统,对沉管节段养护环境温度、湿度进行调节,以达到保温、保湿养护的目的,降低沉管节段的开裂风险。在已有研究成果的基础上,设计小尺寸模型进行现场试验、足尺模型试验,对原材料、配合比、混凝土施工工艺以及开裂风险仿真计算结果进行验证,并通过两次现场模型试验确定了混凝土配合比优化的方向以及在低温季节利用碎冰+冷却水控制混凝土出机温度的可行性。

通过研究小尺寸模型试验、足尺模型试验全面检测原材料、配合比、混凝土施工工艺等的可靠性,并对仿真分析、施工工艺、控裂措施和修补方法进行了进一步的讨论和再优化设计,为制定和形成控制沉管节段预制质量的完整施工工艺流程提供了大量理论基础和实践支持。工程前期同时开发了几种辅助控裂措施,分别从早期养护的保温保湿、模板的自保温、混凝土早期表面收缩应力的分散和消除、混凝土材料的体积稳定性控制等方面实现混凝土裂缝控制。

工程在前期还研究了不同种类的混凝土无损检测和监测技术,对混凝土裂缝的出现、裂缝发生的位置、裂缝的大小、发展情况和种类,以及裂缝的深度等都可进行全程监控与检测。研究的几种混凝土裂缝修补技术可满足对不同工况、不同环境条件、不同结构特征、不同种类的混凝土裂缝进行修补和密封。

3.4 防腐蚀措施设计与施工

3.4.1 基于全寿命的防腐蚀措施设计

采用海工高性能混凝土与足够的保护层厚度是混凝土结构达到120年耐久性的基础措施。实际上,考虑到设计施工的偏差、材料性能的波动、环境和荷载的影响等不利因素,混凝土构件尚需要根据其重要程度、维护难易程度和所处环境部位,采取有效的防腐蚀措施,提高其耐久性的保证率。混凝土构件具体防腐蚀措施的选择,需要根据混凝土构件腐蚀风险、不同防腐蚀措施的适用条件和结构的全寿命周期成本来综合考虑。

港珠澳大桥混凝土结构耐久性评估与再设计

1. 港珠澳大桥主体混凝土结构腐蚀风险评估

工程前期研究定量分析了港珠澳大桥不同腐蚀区域的环境指数(S_p)和混凝土结构的耐久指数(T_p),通过比较环境指数和耐久指数之间的关系来评价港珠澳大桥主体混凝土结构的腐蚀风险。当$T_p \geq S_p$时,港珠澳大桥混凝土结构在120年免维修期内因钢筋腐蚀引起耐久性下降的风险很小,$T_p - S_p$的差值越正,腐蚀风险越小,耐久性安全储备越大。

耐久指数(T_p)综合考虑影响港珠澳大桥混凝土结构耐久性多方面因素,通过计算获得。环境指数(S_p)用于评定港珠澳大桥各部位的环境条件,由结构所处的环境条件及所要求的免维修期而定。

根据腐蚀风险计算,只要满足耐久性设计要求,可保证港珠澳大桥混凝土结构120年的耐久性。但是分析也表明,除水下区混凝土构件的$T_p - S_p$较大外,大气区、浪溅区和水变区的$T_p - S_p$值较小,一旦混凝土原材料或施工质量控制出现偏差,就会导致$T_p - S_p$的值小于零,不能满足工程耐久性目标。因此,这些构件还需采取必要的附加防腐蚀措施以降低腐蚀风险,提高耐久性安全储备。

2. 海工混凝土防腐蚀技术

混凝土附加防腐蚀措施可分为两大类:一类通过阻止或延缓氯离子渗透至混凝土表面达到保护钢筋的目的,例如硅烷浸渍、混凝土涂层等;另一类通过提高钢筋的抗腐蚀性能延缓钢筋开始腐蚀时间或者降低钢筋腐蚀速率,如不锈钢钢筋、阴极保护以及环氧涂层钢筋等。各种措施的比较分析见表3-7。

海洋环境混凝土结构可采取的附加防腐蚀措施　　　　表3-7

防腐蚀措施	防腐原理	适用条件	保护效果及优点	缺点
涂层	混凝土表层形成隔绝层,使氯离子难以侵入	可用于海洋环境大气区、浪溅区和水位变动区	保护年限10~20年,施工简便	改变混凝土外观,涂层受外界作用而损坏
硅烷浸渍	渗入混凝土毛细孔中,使毛细孔壁憎水,从而使水分和携带的氯化物难以渗入	可用于海洋环境大气区和浪溅区	保护年限20年,施工简便,不影响混凝土外观,重涂容易	不适合水位变动区、水下区等混凝土表面潮湿部位
阻锈剂	在钢筋表面形成一层保护膜,延缓或抑制了钢筋腐蚀的电化学过程	混凝土内掺或者外涂,可用于各种混凝土部位	适用于氯离子不可避免存在或进入混凝土内的结构	保护效果和保护年限难确定,易对混凝土其他性能产生不良影响
环氧涂层钢筋	钢筋外表面包裹环氧涂层,隔绝侵蚀介质,避免钢筋锈蚀	可用于各种混凝土构件	保护年限25年以上	减小钢筋握裹力,涂层易损,施工质量控制要求高
阴极保护	外加电场,使钢筋电位极化,即使存在氯离子,钢筋腐蚀反应也不能发生	可用于各种混凝土构件,一般施工期预设钢筋电连接,后期通电保护	对重要构件可实施长效保护,保护年限可达50年以上	成本较高,施工技术及后期维护要求高

不同环境区域所采取的附加防腐蚀措施不同,具体采取何种措施由区域对结构物侵蚀的程度和不同附加防腐蚀措施的特点共同决定。港珠澳大桥混凝土结构不同部位具体采取的措

施,还需结合构件部位工况条件,考虑附加防腐蚀措施的效果、施工可行性以及全寿命周期成本来确定。

3. 防腐蚀措施全寿命成本分析

不同的防腐技术的技术特点和适用性各异,选择经济适宜的防腐蚀方法对混凝土结构和构件的使用状态及寿命至关重要。选择经济适宜的防腐蚀方法可借助全寿命经济分析的概念进行。全寿命计算周期和折现率是全寿命成本分析中至关重要的两个参数,港珠澳大桥的设计使用年限为120年,即为成本计算周期。折现率根据我国目前海港工程的折现率并结合现行银行贷款利率,取7%。采用现值法对不同附加防腐蚀措施的全寿命成本进行比较计算,从成本角度筛选出适用于混凝土构件的防腐技术措施。

通过对不同附加防腐蚀措施的技术特点、经济效益和混凝土构件腐蚀风险三者的综合分析,提出港珠澳大桥混凝土结构附加防腐蚀措施为:桥梁大气区混凝土结构采取硅烷浸渍防腐蚀措施;桥梁浪溅区和水位变动区混凝土结构采取外层不锈钢钢筋或环氧涂层钢筋加硅烷浸渍联合的附加防腐蚀措施,不锈钢和环氧涂层钢筋视构件采取预制和现浇不同工艺区别对待;对于处于深水环境下的沉管侧面和顶面外壁,以混凝土自防水为主,浅埋和敞开段采取硅烷浸渍防腐蚀措施;浪溅区、水位变动区和大气区构件选择有代表性部位埋设运营期耐久性监测传感器,并实施钢筋电连接,预设后期阴极保护。

3.4.2 防腐蚀施工质量控制

1. 硅烷浸渍

混凝土表面硅烷浸渍技术可以保持混凝土表面原有颜色,起到防腐和美观双重作用。工程选择异丁基三乙氧基液体硅烷或异辛基三乙氧基膏状硅烷用于浪溅区混凝土表面防腐蚀,具体硅烷材料要求如下:

(1)异丁基三乙氧基液体硅烷,无色液体,具体指标要求为:

①硅烷含量:≥98.9%;

②硅氧烷含量:≤0.3%;

③可水解氯化物含量:≤1/10 000;

④密度(温度25℃):0.88g/mL;

⑤材料活性应为100%,不得以溶剂或其他液体稀释。

(2)异辛基三乙氧基膏体硅烷,膏体状、乳白色,具体指标要求为:

①活性物质含量:≥80%(质量比);

②硅氧烷含量:≤0.3%;

③可水解氯化物含量:≤1/10 000;

④密度(温度25℃):0.9 g/mL;
⑤pH值:约6;
⑥闪点:74℃。

硅烷浸渍后,混凝土表面性能需满足以下要求:

(1)吸水率平均值不应大于 $0.01\ mm/min^{1/2}$。

(2)混凝土强度等级≤C45(如承台等),浸渍深度应达到3~4mm;混凝土强度等级>C45(如墩身等),浸渍深度应达到2~3mm。

(3)氯化物吸收量的降低效果平均值不小于90%。

大桥混凝土表面硅烷浸渍喷涂主要施工工艺如下:

(1)搭设施工平台:根据大桥防腐蚀施工部位及结构特点选择合适的施工平台。距地面高度5~6m范围内选择搭设脚手架、移动门架;高度超过6m时选择工业吊篮;类似密闭空间部位采用吊椅。另外根据需要采用吊机+吊笼形式作为喷涂结构外表面的补充形式。所有工作平台在方案选择前须进行结构计算、方案论证等工作,保证安全。

(2)表面处理:采用人工或机械动力打磨工具或高压水枪,对混凝土表面进行清理,处理后的表面应无露石、蜂窝、碎屑、油污、灰尘及不牢附着物。

(3)表面清洗与晾干:进行表面处理及缺陷修补后,用洁净淡水冲洗干净,并自然干燥72h,或采用高压空气将表面吹扫干净,确定混凝土表面为面干状态。

(4)混凝土表面硅烷浸渍涂布:由经验丰富的涂装工连续采用高压无气喷涂或刷涂。高压无气喷涂采用喷嘴压强为60~70kPa的喷涂设备。浸渍液体硅烷应连续涂布,使被涂表面饱和溢流。在立面上,应自下向上地涂布,使被涂立面至少5s保持"看上去是湿的"的状态,而在顶面或底面上,均至少有5s保持"看上去是湿的镜面"的状态。对膏状硅烷则按设计用量一次性、均匀地将硅烷喷涂在表面处理后的混凝土表面即可。

(5)验收检测:混凝土表面硅烷浸渍至少7d后,在混凝土表面随机选取区域钻取芯样,测试混凝土表面硅烷浸渍后的吸水率、浸渍深度和氯离子吸收量降低效果。

2. 环氧涂层钢筋

环氧涂层钢筋是在工厂条件下生产的一种具有防腐性能的钢筋材料,采用静电喷涂方法生产,在经除锈处理的普通钢筋表面喷涂一道完整连续的环氧涂层。环氧涂层具有化学稳定性高、延性大、干缩小、附着力强等特点,形成阻隔钢筋与水分、氧气、有害离子接触的物理屏障,同时具有良好的绝缘性,被认为是最佳的电化学腐蚀防护屏障。

环氧涂层钢筋入场检验主要包括涂层厚度、连续性、可弯性等三个指标,其中大桥桥墩水位变动区、水下区等采用普通环氧涂层钢筋,涂层厚度在180~300μm之间;耐腐蚀要求较高的浪溅区采用的环氧涂层钢筋涂层厚度在220~400μm之间,具体评定标准见表3-8。

环氧涂层钢筋质量控制检测项目　　　　　　　　　　　　　　　　表 3-8

检测项目	检验标准	使用设备	判定标准
涂层厚度	GB/T 25826—2010	环氧涂层测厚仪	95% 在 180～300μm，最低大于 140μm； 95% 在 220～400μm，最低大于 180μm
涂层连续性	GB/T 25826—2010	电压不低于 67.5V，电阻不小于 80kΩ 的直流漏点检测器	每米长度上的漏点数目不应超过 3 个
涂层可弯性	GB/T 25826—2010	弯曲试验机	A 类钢筋弯曲试验后，试样弯曲外表面没有肉眼可见的裂纹或剥离现象

环氧涂层钢筋的涂层容易在运输或施工过程中因碰撞而出现破损，且环氧涂层具有不耐高温等特点，因此其安装施工工艺有别于普通钢筋，具体技术要点如下：

(1) 吊运：环氧涂层钢筋吊运采用承载能力达到使用要求的高强度尼龙吊带作为吊索。当钢筋长度大于 4m 时，应采用两点吊装的方式起吊，长度 6m 以上每隔 4m 增设 1 个吊点，以减少弯曲变形时钢筋间摩擦对环氧涂层的破坏作用。

(2) 储存：环氧涂层钢筋放置层数不宜超过 5 层，层与层之间每延米应用 5cm×5cm 方木间隔开，同时采用帆布或不透光的黑色塑料布包裹，储存时应搭棚避免直接日晒雨淋，以防止环氧在紫外线作用下老化，储存期一般不宜超过 3 个月。堆放地面应平整牢靠，并用木方垫起。

(3) 加工：弯曲切割加工环氧涂层钢筋时，环境温度宜不低于 5℃。钢筋弯曲机的心轴应套以"耐拉特龙"专用轴套或尼龙套管筒，加工台平板表面铺以布毡垫层。对直径 $d \leqslant 20$mm 的钢筋，弯曲直径不小于 $4d$；对直径 $d > 20$mm 的钢筋，弯曲直径不小于 $6d$ 且弯曲速率不宜大于 8r/min。采用钢筋切断机或砂轮机切断环氧涂层钢筋时，在直接接触环氧涂层钢筋的夹持部位，同样应垫以缓冲材料，钢筋切断处及时采用专用环氧涂料进行修补。施工过程中更应注意的是，人、机械和环境都不应碰伤、划伤、损坏钢筋表面的环氧涂层。

(4) 连接与定位：直径小于 20mm 的钢筋尽量采用绑扎连接，绑扎采用专用的包胶铝丝，钢筋搭接锚固长度不得小于相同等级和规格的无环氧涂层钢筋锚固长度的 1.5 倍，且不小于 375mm。采用机械连接时，要用经过涂装的专用套筒、螺母进行连接，再根据专用修补材料的使用要求，对接口处受损环氧涂层进行修补。不允许与非环氧涂层钢筋间隔使用，防止两者间形成电连接而腐蚀。环氧涂层钢筋和非环氧涂层钢筋的架立筋必须采用环氧涂层钢筋来固定。安装就位后，施工人员不宜直接在其上面行走，并应避免将施工工具跌落砸坏环氧涂层。

(5) 修补：当任一点上的环氧涂层破损面积大于 25mm²，或 1m 长度内有 3 个以上的环氧涂层损伤点，或环氧涂层钢筋弯切段上有 6 个以上的环氧涂层损伤点时，不得修补、使用。混凝土浇筑前一天，应进行细致的检查以保证所有环氧涂层破坏均已经得到有效的修复。应在切断或损伤后2h内采用生产厂家提供的专用修补材料及时修补。修补前,应除尽已经剥离钢筋的环氧涂层和修补处钢筋的锈迹。

3. 不锈钢钢筋

不锈钢钢筋的耐蚀性来源于合金化后表面形成的致密钝化膜。在高氯离子浓度情况下(10倍于普通碳钢钢筋临界氯离子浓度),该钝化膜仍能保持稳定性。因此,被认为是提高海洋工程钢筋混凝土结构耐久性的最有效途径之一。然而,不锈钢钢筋的价格为普通钢筋的6~10倍,高昂的价格使得其应用必须考虑成本,以免造成工程造价的不合理。一般而言,不锈钢钢筋仅应用在设计寿命长、环境恶劣、更换维修不方便的构件中,甚至采用与普通碳钢钢筋混合使用的方法以降低造价。港珠澳大桥主体工程在浪溅区、现浇混凝土结构的最外层钢筋建议采用不锈钢钢筋,具体技术要求如下:

(1)化学成分要求

目前,不锈钢钢筋所使用的牌号主要有304、316以及2205等。304为铁、铬、镍合金奥氏体不锈钢,并分低碳(牌号后添加"L")以及加氮(牌号后增加"N")的等级。减少不锈钢中碳含量可减轻晶间腐蚀并提高焊接性能,而添加氮元素可提高力学性能。316比304多添加了钼元素,耐蚀性进一步增加,同样也有低碳和加氮等级。2205为含铁素体和奥氏体的双相不锈钢,具有极为优越的耐腐蚀性,尤其是抗点蚀性能优越,但其价格也高于前两种奥氏体不锈钢。

根据港珠澳大桥耐久性设计使用寿命的要求,并结合成本分析,工程建议采用2304双相不锈钢钢筋,其化学成分见表3-9。

港珠澳大桥用 2304 双相不锈钢钢筋化学成分(质量百分含量)　　表3-9

牌号	C	Si	Mn	S	Cr	Ni	Mo	P	N
2304	0.015	0.47	1.32	0.001	23.60	4.50	0.35	0.020	0.11

(2)力学性能要求

钢筋的力学性能主要有屈服强度、抗拉强度、强屈比和断后延伸率等,表3-10给出了2304双相不锈钢钢筋的力学性能要求及港珠澳大桥采用的2304双相不锈钢钢筋的力学性能。

2304 双相不锈钢钢筋的力学性能　　表3-10

项目	屈服强度(MPa)	抗拉强度(MPa)	强屈比	断后延伸率(%)
标准钢筋	≥500	≥650	≥1.10	≥14
港珠澳大桥用不锈钢钢筋	585	750	1.28	30.5

(3)弯曲、抗疲劳和抗晶间腐蚀要求

不锈钢钢筋的弯曲、抗疲劳和抗晶间腐蚀也是应用中必须考虑的性能,表3-11给出了2304双相不锈钢钢筋的弯曲、抗疲劳和抗晶间腐蚀性能要求。

2304 双相不锈钢钢筋其他性能要求　　表3-11

项　目	弯曲试验	疲劳试验	抗晶间腐蚀能力
2304 不锈钢钢筋	无断裂及不规则弯曲形变	可承受 5×10^6 次应力循环	合格

（4）施工质量控制

为了避免碳钢在不锈钢表面形成锈迹，不锈钢钢筋在运输、存放时采用绝缘材料包裹，避免与碳钢材料直接接触。不锈钢钢筋进行加工时不使用碳钢钢筋的设备，需使用不锈钢钢筋加工专门设备。港珠澳大桥施工过程中，施工单位根据图纸将不锈钢钢筋的尺寸、弯曲形状等具体要求告知厂家，所有不锈钢钢筋的切割、弯曲等加工在工厂内由专门设备进行。到场的不锈钢钢筋必须附有标签，标明厂家、型号、等级、直径及形状标识。

不锈钢钢筋绑扎采用直径1.2mm的1.4301不锈钢软钢丝，不锈钢钢筋的连接采用相应的不锈钢钢筋连接器，这样可有效避免电偶腐蚀的发生。

焊接会对不锈钢钢筋的耐蚀性产生不利影响，但一般认为可通过适当的焊接后处理（酸洗或喷砂）进行恢复。由于现场进行这种处理不现实，因此港珠澳大桥主体工程所有不锈钢钢筋禁止焊接。

港珠澳大桥主体工程中不锈钢钢筋与普通钢筋混合使用，两种金属同时用在一个结构中会产生新的问题——电偶腐蚀。研究表明，该腐蚀电流很小，电偶腐蚀的影响可忽略。英国《桥梁道路设计手册》[20]指出在新建结构中无须对碳钢钢筋与不锈钢钢筋两者进行电绝缘处理。港珠澳大桥主体工程中不锈钢钢筋与碳钢钢筋直接连接。

4. 外加电流阴极保护预设

对于海洋环境下混凝土中的钢筋，外加电流阴极保护技术是海洋工程有效的防护措施之一。阴极保护对钢筋可能发生的孔蚀等局部腐蚀具有很好的防护作用，这一点是涂层、硅烷浸渍等其他附加防腐蚀措施无法比拟的。钢筋混凝土外加电流阴极保护技术已在欧美等发达国家得到了广泛应用，在我国杭州湾跨海大桥及青岛海湾大桥也应用了该项技术，以下是阴极保护的具体技术要求。

（1）阳极材料质量

设计采用ERE20参比电极，它是一种可监测阴极保护效果及钢筋锈蚀状态的预埋式长寿命二氧化锰参比电极。由于在埋入混凝土后，其本身电位能长时间保持基本稳定，因此可作为一种测量钢筋半电池电位的工具。ERE20参比电极本身的电位在 +140 ~ +180mV（vs. SCE）之间。每一个ERE20参比电极在出厂前都进行电位检验，并在电极上标明结果，日后测量时以该数值进行电位换算。ERE20参比电极的工作温度为 -10 ~ 40℃，内部电阻小于 $5\,000\Omega$。

（2）施工质量控制

为日后可实施外加电流阴极保护，施工必须确保每一个区内的钢筋的电连续，将结构中必要的钢筋点焊或额外采用钢筋将所有混凝土中的钢结构进行电连接。根据欧洲规范 EN12696[21]，可采用直流反极性电阻测量技术或直流电压测量技术检查任意两点钢筋的电连续性。采用直流反极性电阻测量技术时，使用直流电阻测试仪测量两点间的电阻，然后翻转两测量探针再进行测量。若测量得到的电阻值小于 1Ω，表明钢筋是电连续的。采用直流电压测量技术时，使用直流电压表测量两点间的电位差（电压），若电压小于 $1mV$，即表明电连续性符合要求。

每个监测点配备一套 ERE20 二氧化锰参比电极以及一套钛参比电极。参比电极绑扎在沉管外侧壁钢筋上，参比电极电缆沿钢筋铺设至中央管廊内壁预留的不锈钢接线盒中。外加电流阴极保护系统的调试采用小电流逐步极化法，即初始通电采用较小电流，如设计电流的 10% ~ 20%，后根据实际情况逐步增大电流，以达到保护要求。

外加电流阴极保护的验收参照欧洲标准 EN12696。该标准指出：对于任何暴露于大气中的混凝土结构，当其中的钢结构满足下述的其中任一标准，则认为其达到了保护要求：

①相对于 Ag/AgCl 参比电极，瞬断电位（把直流电回路的开关开启后，在 0.1 ~ 1s 之间测量）应低于 $-720mV$。

②24h 后，电位衰减大于 $100mV$。

③在超过 24h 或者更长时间的连续衰减以及使用参比电极（不是电压衰减感应器）条件下，电位衰减大于 $150mV$。

第4章 施工过程混凝土耐久性质量分析

4.1 概 述

本章首先论述了作为混凝土主要耐久性参数的氯离子扩散系数和迁移系数之间的理论关系,作为港珠澳大桥结构混凝土耐久性质量控制的理论基础;然后汇总分析了港珠澳大桥结构混凝土,包括沉管和桥梁标段的现场测试结果,混凝土强度、氯离子扩散系数以及足尺模型试验段的测试结果。在这些测试数据基础上,结合《港珠澳大桥混凝土耐久性质量控制技术规程》[22]对主要质量参数的验收要求,并考虑测试方法离散性,对现场混凝土的耐久性质量进行评估。同时根据混凝土原材料成分和拌和主要技术环节对混凝土耐久性参数的影响,提出针对混凝土耐久性评估结果的现场质量控制预案。

4.2 混凝土耐久性测试参数与关系

4.2.1 混凝土氯离子扩散与迁移理论基础

1. 氯离子稳态扩散系数与迁移系数

氯离子在混凝土中的扩散过程主要由氯离子的扩散系数来表征。对于混凝土孔隙材料,氯离子的迁移流量在纯扩散条件下可表示为:

$$J_{Cl} = -D\frac{\partial c}{\partial x} \tag{4-1}$$

式中:J_{Cl}——单位时间流过单位混凝土表面的氯离子的量[mol/(m·s)];

D——氯离子扩散系数(m^2/s);

c——氯离子浓度(mol/m^3)。

如果有外部的电场作用,则氯离子流量可表示为:

$$J_{Cl} = -D\left(\frac{\partial c}{\partial x} + c\frac{zF}{RT}\frac{\partial \psi}{\partial x}\right) \tag{4-2}$$

式中:ψ——外部的电场作用;

z——氯离子的电荷价位(-1价);

F、R——分别为法拉第常数和理想气体常量；

T——绝对温度(K)。

如果确定外加电场的作用远大于局部的离子间电场作用,式(4-3)就可以用来简化描述在外加电场作用下氯离子的流量：

$$J_{Cl} = -D\frac{zF}{RT} \cdot c\frac{\partial \psi}{\partial x} \tag{4-3}$$

实际上在混凝土孔隙溶液环境中,即使没有外部电场的作用,由于孔隙溶液中多离子的存在,局部也存在影响氯离子迁移的电场作用,只是强度较为微弱。在氯离子的迁移处于稳态(即迁移长度上各点的氯离子浓度不与时间相关)时直接测量氯离子的流量,然后使用上述公式计算得到的氯离子扩散系数,称为氯离子的稳态扩散系数(Steady State Diffusion Coefficient)。理论研究表明,多离子的孔隙溶液中,氯离子迁移的局部电场 ψ 可以表达为所有离子的理想扩散系数和迁移率的函数。Tang 的研究[19-20]进一步将式(4-1)的 D 定义为氯离子的稳态扩散系数 D_{SSD}(Steady State Diffusion Coefficient,SSD),而将式(4-3)中的扩散系数定义为氯离子的稳态迁移系数 D_{SSM}(Steady State Migration Coefficient,SSM)。Tang 的研究表明[23],两个系数在多离子环境中均与溶液的各种离子浓度以及迁移率相关,两者关系有理论表达,一般数值上并不相等,见图4-1。

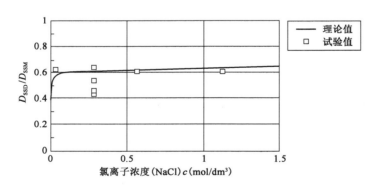

图 4-1 混凝土氯离子稳态扩散系数 D_{SSD} 和稳态迁移系数 D_{SSM} 的关系[24]

混凝土孔隙材料对孔隙溶液中的多离子存在针对负离子的半透膜现象[25],即在孔隙中负离子的迁移能力比正离子强,这是硬化水泥浆的表面带电特性决定的。因此,在具体的混凝土材料的多离子环境中,迁移的氯离子受到的局部电场作用比在自由的多离子溶液中要强,这种作用减弱了氯离子(相对于自由溶液)在孔隙溶液中的扩散能力。而对于外加电场作用下的情况,由于外加电场通常比离子局部电场要强大得多,因此可认为在混凝土孔隙中的稳态迁移系数与自由多离子状态相同。理论分析表明,$D_{SSM} > D_{SSD}$,并且随着孔隙溶液的氯离子浓度的增加,两者的比例趋于平稳。

2. 氯离子非稳态扩散系数与迁移系数

如果氯离子在混凝土孔隙溶液中的迁移过程尚未达到稳态,则迁移过程需要通过氯离子的质量守恒方程来表达。对于没有外加电场的扩散过程:

$$\frac{\partial C_t}{\partial t} = \phi\left(1 + \frac{\partial c_b}{\partial c}\right)\frac{\partial c}{\partial t} = -\frac{\partial J_{Cl}}{\partial x} = \frac{\partial}{\partial x}\left(D_{SSD}\frac{\partial c}{\partial x}\right) \tag{4-4}$$

式中:C_t——混凝土中氯离子浓度;

c_b、c——分别为单位孔隙体积中氯离子的吸附量和氯离子浓度;

D_{SSD}——氯离子稳态扩散系数。

同样的质量守恒方程,使用表观的非稳态扩散系数 D_{NSSD},式(4-4)表示为:

$$\frac{\partial C_t}{\partial t} = \frac{\partial}{\partial x}\left(D_{NSSD}\frac{\partial C_t}{\partial x}\right)\bigg|_{\frac{\partial c_b}{\partial c} = \text{const.}} \Rightarrow \frac{\partial c}{\partial t} = \frac{\partial}{\partial x}\left(D_{NSSD}\frac{\partial c}{\partial x}\right) \tag{4-5}$$

比较上述两个表达,可以直观得出以下关系:

$$D_{NSSD} = \frac{D_{SSD}}{\phi\left(1 + \frac{\partial c_b}{\partial c}\right)} \tag{4-6}$$

稳态扩散系数和非稳态扩散系数的主要差别是材料的孔隙率和混凝土材料对氯离子的吸附作用。式(4-5)明确非稳态扩散系数包含了吸附作用而稳态扩散系数则没有。

对于外加电场作用下的混凝土氯离子的质量守恒方程,用稳态迁移系数可以表达为:

$$\frac{\partial C_t}{\partial t} = \phi\left(1 + \frac{\partial c_b}{\partial c}\right)\frac{\partial c}{\partial t} = -\frac{\partial J_{Cl}}{\partial x} = \frac{\partial}{\partial x}\left(D_{SSM}\frac{\partial c}{\partial x} + cD_{SSM}\frac{zF}{RT}\frac{\partial \psi}{\partial x}\right) \tag{4-7}$$

使用非稳态迁移系数可以表达为:

$$\frac{\partial C_t}{\partial t} = D_{NSSM}\frac{zF}{RT}\frac{\partial \psi}{\partial x}\frac{\partial C_t}{\partial x}\bigg|_{\frac{\partial c_b}{\partial c} = \text{const.}} \Rightarrow \frac{\partial c}{\partial t} = D_{NSSM}\frac{zF}{RT}\frac{\partial \psi}{\partial x}\frac{\partial c}{\partial x} \tag{4-8}$$

比较式(4-7)和式(4-8),可以得到两者的关系:

$$D_{NSSM} = \frac{D_{SSM}}{\phi\left(1 + \frac{\partial c_b}{\partial c}\right)}\left[1 + \frac{\frac{\partial c}{\partial x}}{c\frac{zF}{RT}\frac{\partial \psi}{\partial x}}\right] \tag{4-9}$$

式(4-9)表示两者的关系比较复杂,除了与混凝土材料孔隙率、孔隙氯离子吸附作用有关外,还与在外加电场作用下扩散流量与电场驱动流量的比例关系[式(4-9)的最后一项]有关。如果进一步认为在电场作用下扩散流量远小于电场驱动流量,则式(4-9)可以简化为:

$$D_{NSSM} = \frac{D_{SSM}}{\phi\left(1 + \frac{\partial c_b}{\partial c}\right)}\left[1 + \frac{\frac{\partial c}{\partial x}}{c\frac{zF}{RT}\frac{\partial \psi}{\partial x}}\right] \approx \frac{D_{SSM}}{\phi\left(1 + \frac{\partial c_b}{\partial c}\right)} \tag{4-10}$$

则式(4-10)与式(4-6)的表达相同。

3. 港珠澳大桥混凝土氯离子扩散系数与迁移系数

港珠澳大桥结构混凝土的耐久性设计与质量控制过程涉及的氯离子迁移过程包括：①作为设计过程的自然暴露条件下氯离子在混凝土中的侵入过程；②作为质量控制的氯离子快速电迁移过程（RCM法）；③作为质量控制的氯离子浸泡试验（NT Build 443）。其中①对应自然暴露条件下的氯离子非稳态扩散系数，②对应标准RCM法测量的氯离子非稳态迁移系数，③对应标准浸泡试验 NT Build 443 测量的氯离子非稳态扩散系数。现分别将上述三个系数标记为 D_{NSSD}^{d}、D_{NSSM}^{RCM}、D_{NSSD}^{443}，其相关关系分析见表4-1。

港珠澳大桥混凝土氯离子扩散/迁移系数汇总分析　　表4-1

氯离子扩散/迁移系数		D_{NSSD}^{d}	D_{NSSD}^{443}	D_{NSSM}^{RCM}	D_{NSSM}^{RCMi}	D_{NSSD}^{di}
参数性质		设计指标	质量控制指标	质量控制指标	构件检测指标	暴露试验指标
测试过程		非稳态扩散	非稳态扩散	非稳态迁移	非稳态迁移	非稳态扩散
测试条件	材料龄期	>90d①	>28d	28d,56d	28d,56d	>90d
	养护条件	自然暴露	标准	标准	构件	自然暴露
	含水率	<100%	100%	100%	100%	<100%
	外部氯离子浓度	~150g/L(浪溅区)	~100g/L	~60g/L	~60g/L	~150g/L(浪溅区)
	外部温度	自然环境	20~25℃	20~25℃	20~25℃	自然环境
	测试时间	14d	35d	1~3d	1~3d	14d

注：①指设计指标依据的暴露试验的测试条件，设计指标本身可以在任意龄期进行规定，初步设计规定了28d和56d两个龄期的指标。

结合上述混凝土孔隙多离子迁移的基本原理和前期暴露试验与相应复原试验结果，有以下基本判断：

（1）自然暴露条件下的氯离子非稳态扩散系数 D_{NSSD}^{d} 是港珠澳大桥混凝土结构耐久性设计的基本理论控制参数，对应真实环境条件下混凝土长期暴露在海水环境中的表观氯离子扩散系数，其中包括了真实海水条件的浓度（一般折算为氯离子浓度在13g/L左右，考虑浪溅区反复积累，自由氯离子浓度可达到150g/L），混凝土材料对氯离子的吸附作用，混凝土材料本身的真实含水状态为非饱和状态，环境温度的影响等作用，尤其是材料的非饱和状态对测试结果的影响。总体上由于真实环境的孔隙饱和程度小于100%的标准试验条件，该数值在理论上应低于标准浸泡试验 NT Build 443 的测试值 D_{NSSD}^{443}。

（2）标准浸泡试验测量的氯离子非稳态扩散系数 D_{NSSD}^{443} 是港珠澳大桥混凝土结构耐久性质量控制指标的基准值。该试验的标准试验条件为：浸泡 NaCl 溶液浓度为165g/L（对应的氯离子浓度约为100g/L），标准试验温度为23℃（20~25℃之间），试件的养护龄期至少为28d（未限定养护龄期上限），在测试前试件经饱水或 $Ca(OH)_2$ 溶液处理。该扩散系数 D_{NSSD}^{443} 与自然暴露条

件下的扩散系数 $D_{\text{NSSD}}^{\text{d}}$ 同为非稳态扩散系数,结合影响的条件分析,可初步判定 $D_{\text{NSSD}}^{443} > D_{\text{NSSD}}^{\text{d}}$。

(3)标准电迁移试验 RCM 法测量的迁移系数 $D_{\text{NSSM}}^{\text{RCM}}$,为氯离子非稳态迁移系数。该试验采用的 NaCl 溶液浓度为 100g/L(对应的氯离子浓度约为 60g/L),标准试验温度为 23℃(20~25℃之间),试件的养护龄期没有限定,在测试前试件经饱水或 Ca(OH)$_2$ 溶液处理。结合混凝土孔隙多离子迁移分析可知,在相同的试验条件下,非稳态迁移系数要大于非稳态扩散系数,即可初步判断 $D_{\text{NSSM}}^{\text{RCM}} > D_{\text{NSSD}}^{443}$。

(4)实体构件取样的 RCM 法测量的迁移系数 $D_{\text{NSSM}}^{\text{RCMi}}$,同样为氯离子非稳态迁移系数,只是试件源于实体构件硬化到一定龄期后的状态。其测试条件与标准 RCM 法相同,但是试件的成熟状态与标准养护试件有较大不同。在实体构件中的混凝土,在硬化过程中经历了内部较高的水化温升的积累过程,即相同的测试龄期中,实体构件相对比标准养护试件经历了一个高温过程,结合具体温控措施可以认为经历的高温过程大概可以达到 60℃。结果是,对于矿物掺和料(矿渣、粉煤灰)掺量大的混凝土,高温过程促进了这些成分的水化,因此混凝土更加密实。因此,可以定性判断 $D_{\text{NSSM}}^{\text{RCMi}} < D_{\text{NSSM}}^{\text{RCM}}$。但是该差别应随着测试龄期的延长而逐步缩小,早龄温升造成的材料快速密实在长远来看会随着龄期而逐步与标准养护条件材料的密实程度趋同。

(5)$D_{\text{NSSD}}^{\text{di}}$ 是随着港珠澳大桥工程建设同期开始的相同环境的暴露试验测量得到的氯离子扩散系数。在工程推进过程中逐步进行港珠澳工程场址真实暴露条件下的氯离子扩散系数的测量。该测量在理论上就是耐久性设计的氯离子扩散系数的指标值,即 $D_{\text{NSSD}}^{\text{d}} = D_{\text{NSSD}}^{\text{di}}$,因此是最可靠的氯离子扩散系数评估指标。

4.2.2 混凝土强度质量评定标准

本节从质量控制原理角度来确定混凝土强度的质量验收准则。对于需要进行质量控制的混凝土,可以通过测量其质量指标 X(如抗压强度)来进行。质量控制的基本思路是:建立基于 n 个样本的质量指标 X 的统计量 T,如均值、标准差等,确定合理的接收准则 C,将 T 与 C 比较,判断样本所在总体的质量是否满足预期,从而决定其质量是否合格。

对于混凝土强度而言,其质量指标 X 一般都具有离散性,可视其为随机变量。因此材料的质量水平可以通过指标 X 的统计分布来描述。假设 X 服从适用范围很广的正态分布 $X \sim N(\mu_X, \sigma_X^2)$,均值($\mu_X$)和标准差($\sigma_X$)两个参数即可完整表达产品质量水平。对材料质量水平的要求即是需要 μ_X 和 σ_X 满足一定的约束条件:

$$g(\mu_X, \sigma_X) = 0 \tag{4-11}$$

式中:$g(\cdot)$——约束函数。

工程设计中常用的特征值与保证率的概念也同样基于此。以混凝土抗压强度 f_c 为例,特

征值 f_{ck} 规定为不小于 p_c 保证率的强度值，p_c 一般为 95%，则有如下关系：

$$\mu_c = f_{ck} + \Phi^{-1}(p_c)\sigma_c \tag{4-12}$$

当对混凝土强度等级 f_{ck} 提出具体要求，也就建立了 μ_c 和 σ_c 之间的线性关系。也就是说，当约束条件 $g(\cdot)$ 是关于均值和标准差的线性函数时，对质量水平的要求可以通过特征值和保证率完整表达，当特征值一定时，仅用保证率就可表示质量水平。对于同一强度等级和保证率，存在不同的均值和标准差组合。从图 4-2 可见，当混凝土强度的生产管理水平较高，即 σ_c 较小时，混凝土的施工配制强度 μ_c 可以相应减小，从而节省了原材料，降低了成本。

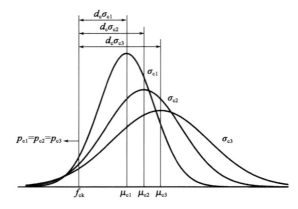

图 4-2　不同标准差时满足设计要求的强度分布

对质量水平的具体要求是综合考虑生产者和使用者利益的结果。使用者愿意接受并且全额支付合同款项的质量水平称为接收质量水平（Acceptable Quality Level，AQL）。使用者确信要拒绝并且在合同中规定应采取替换纠正等措施的质量水平称为拒绝质量水平（Rejectable Quality Level，RQL）。对这两种质量水平的鉴别和进一步的决策，一般建立在抽样检验的基础上。

从所要考察的产品集合中随机抽取样本进行检验称为抽样检验。样本由若干样本单元组成，而样本单元由单位产品组成。对于混凝土强度抽样检验，单位产品指单个混凝土试件，样本单元通常为包含 2~3 个试件的一组混凝土，以单个试件强度试验的平均值作为强度代表值。样本中包含的样本单元的个数称为样本量。产品集合一般指一个混凝土检验批，由混凝土强度等级相同、试验龄期相同、生产工艺条件和配合比基本相同的混凝土组成。

根据样本统计量与事先规定的由验收函数和验收界限构成的接收准则，可以对产品的质量水平是否达到要求进行统计推断，决定接收还是拒绝。接收准则 C 和规定的样本量 n 一起构成了一个抽样方案。接收准则常是关于样本均值和极值的复合表达式。根据进行质量控制时生产是否稳定，或者样本量是否足以准确估计样本所在总体的标准差 σ 的值，接收准则可分为 σ 已知和 σ 未知两种形式。

$$\begin{cases} \bar{X}_n - k_1\sigma \geq f_{cu,k} \\ X_{\min} \geq f_{cu,k} - A_1 \end{cases} \quad (\sigma \text{ 已知}) \qquad (4\text{-}13)$$

$$\begin{cases} \bar{X}_n - k_2 S_n \geq f_{cu,k} \\ X_{\min} \geq f_{cu,k} - A_2 \end{cases} \quad (\sigma \text{ 未知}) \qquad (4\text{-}14)$$

由于抽样检验和统计推断固有的不确定性，不可避免地出现错判引起的两类风险。第一类风险是样本所代表的检验批实际上达到 AQL，但是根据抽样结果和接收准则被拒绝，这称为生产者风险(Producer's Risk)，记为 α；第二类风险是样本所代表的检验批实际上处于 RQL，但是被接收，这称为使用者风险(Consumer's Risk)，记为 β，见图 4-3。

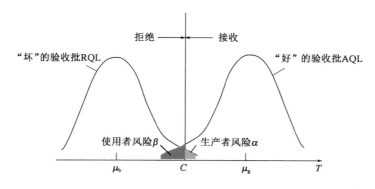

图 4-3　生产者风险和使用者风险

为了提高对质量水平统计推断的准确性，降低两类风险，可以增大样本量，但是相应的抽样成本也会增加。抽样检验方案应给出合理的样本量和接收准则，将 α 和 β 控制在可接受范围内。也就是说，上述两种风险和质量水平是确立抽样方案的出发点。确定抽样方案中接收准则的系数以及样本量的方案可按下式进行：

$$P(\bar{\Omega} \mid \text{AQL}) \leq \alpha, P(\Omega \mid \text{RQL}) \leq \beta \qquad (4\text{-}15)$$

式中：Ω——在给定接收准则下检验批被接收；

$\bar{\Omega}$——检验批被拒绝。

《混凝土强度检验评定标准》(GB/T 50107—2010)采用上述思路提出了 σ 已知和 σ 未知两种形式的接收准则。连续生产的混凝土，生产条件在较长时间内能保持一致，且同一品种、同一强度等级混凝土的强度变异性保持稳定时，应按 σ 已知的规定进行评定，否则即采用 σ 未知对应的接收准则。具体规定如下：

一个检验批的样本容量应为连续的 3 组试件，其强度应同时满足下列要求：

$$\bar{X}_n - 0.7\sigma \geq f_{ck}, X_{\min} \geq f_{ck} - 0.7\sigma \qquad (4\text{-}16)$$

当混凝土强度等级不高于 C20 时，其强度的最小值尚应满足下式要求：

$$X_{\min} \geq 0.85 f_{ck} \tag{4-17}$$

当混凝土强度等级高于 C20 时，其强度的最小值尚应满足下式要求：

$$X_{\min} \geq 0.90 f_{ck} \tag{4-18}$$

当样本容量不少于 10 组时，其强度应同时满足下列要求：

$$\overline{X}_n - \lambda_1 S_n \geq f_{ck},\ X_{\min} \geq \lambda_2 f_{ck} \tag{4-19}$$

其中接收准则中的接收常数 λ_1 和 λ_2 按表 4-2 选用。

GB/T 50107—2010 中标准差未知方案的接收常数　　表 4-2

试件组数 n	10～14	15～19	≥20
λ_1	1.15	1.05	0.95
λ_2	0.90	0.85	0.85

同时，GB/T 50107—2010 设定可接收质量水平 AQL 下，均值 $\mu = f_{ck} + 1.645\sigma$（相当于具有不低于 95% 的保证率）；极限质量水平 RQL 下，均值 $\mu = f_{ck} + 0.2533\sigma$（相当于具有不低于 60% 的保证率）。其所对应的风险水平分析如下：

(1) 对于 σ 已知的方案，试件组数 n 为 3。

针对样本均值的接收准则，其生产者风险 $\alpha = 5.1\%$，使用者风险 $\beta = 22.0\%$。针对样本最小值的接收准则，其生产者风险 $\alpha = 2.8\%$，使用者风险 $\beta = 57.1\%$。

对于混合接收准则而言，接收一个检验批需要同时满足均值判定准则和最小值判定准则。而两个事件同时发生的概率，小于或等于两个事件分别发生的概率中的较小值，又大于或等于两个事件发生概率的乘积。因此可以看到，上面的风险分析中，最小值判定准则对于实际生产者风险影响较小，实际的生产者风险介于 5.1%～7.7% 之间，而实际的使用者风险则介于 12.5%～22.0% 之间，更精确的计算结果可以通过 Monte Carlo 模拟方法获得。

(2) 对于 σ 未知的方案，试件组数 n 最少为 10。

对于样本均值和样本最小值应分别进行风险分析。针对样本均值的接收准则，其生产者风险 $\alpha = 10.3\%$，使用者风险 $\beta = 1.7\%$。针对样本最小值的接收准则，其生产者风险 $\alpha = 6.4\%$，使用者风险 $\beta = 68.7\%$。对于混合控制，实际的生产者风险介于 10.3%～16.0% 之间，而实际的使用者风险则介于 1.2%～1.7% 之间。

由上面的分析可以看到，在 σ 已知的方案中，由于生产过程比较稳定，所以对使用者风险的控制较为宽松，而生产者风险处于一般水平；而在 σ 未知的方案中，由于生产过程不稳定或者并没有相关的统计资料，所以对使用者风险的控制很严格，而生产者风险的控制较为宽松。

4.2.3 氯离子扩散系数质量评定标准

与混凝土强度质量控制的思路一致，氯离子扩散系数的控制也要解决以下几个问题。首先,定义合理的接收质量水平 AQL 和拒绝质量水平 RQL;然后,选择生产者风险 α 和使用者风险 β 的可接受范围;进而根据两种质量水平和风险水平,确定抽样方案,即接收准则 C 和样本量 n 的具体表达。

对于定义质量水平而言,港珠澳大桥工程的重要性和影响力决定了结构安全和使用者利益应当首要考虑,也就是说首先要明确拒绝质量水平 RQL。港珠澳大桥工程设计过程中,使用者的利益是通过确保结构的可靠性不低于既定的下限水平体现的。那么在质量控制过程,同样也要确保结构在建成后达到这一可靠性水平。所以可以由可靠性目标反推出实际所需的氯离子扩散系数的质量水平。

但由于设计中氯离子扩散系数的参数模型是根据暴露试验数据得到的,而现场质量控制中获得的是 RCM 快速试验数据,所以第一步要建立 RCM 数据和暴露试验数据之间的不确定对应关系。港珠澳大桥工程采取暴露试验"室内复原"的方法,即采用长期暴露试验研究的混凝土配合比,使用相近原材料,重新成型混凝土试件,用快速试验方法测量 D_{NSSM},同时对暴露试验数据进行回归分析,得到与室内试验同龄期下的推定值 D_{NSSD}。发现两者存在一定的相关性,见图 4-4。

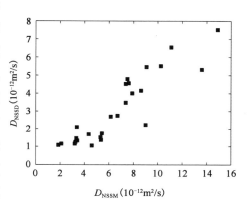

图 4-4 D_{NSSD} 和 D_{NSSM} 的相关性

由历史数据认为 D_{NSSM} 和 D_{NSSD} 服从对数正态分布,进而可以建立两者之间的幂函数关系模型:

$$D_{NSSD} = EAD_{NSSM}^{B} \tag{4-20}$$

式(4-20)中的系数 A 和 B 可以通过回归分析得到,参数 E 描述 D_{NSSM} 和 D_{NSSD} 对应关系的不确定性,该不确定性主要包含三部分:D_{NSSM} 由于材料和运输浇筑的不均匀引起的不确定性,D_{NSSM} 由于测量方法引起的不确定性,D_{NSSM} 和 D_{NSSD} 对应关系模型的不确定性。前两项不确定性体现为 D_{NSSM} 测量结果的离散性,第三项不确定性体现了模型与实际情况的偏差。

令 $Y = \ln D_{NSSD}$, $X = \ln D_{NSSM}$, $\varepsilon = \ln E$,则上式变为:

$$Y = BX + \ln A + \varepsilon \tag{4-21}$$

ε 服从正态分布,代表了模型的不确定性。"室内复原"方法获得了 Y 和 X 的 N_r 个样本数据,根据式(4-21),可知 ε 的样本均值和标准差分别为:

$$\bar{\varepsilon} = \frac{1}{N_r}\sum_{i=1}^{N}\varepsilon_i, s_\varepsilon = \sqrt{\frac{\sum_{i=1}^{N_r}(\varepsilon_i - \bar{\varepsilon})^2}{N_r - 1}} \tag{4-22}$$

根据"室内复原"方法获得的样本数据,$A=0.5$,$B=1.0$,$\varepsilon \sim N(0,0.3^2)$。

根据已有研究,耐久性极限状态设计方程可表示为:

$$G = C_{cr} - C_s\left[1 - \text{erf}\left(\frac{x_d}{2\sqrt{D_{NSSD}\eta t_{SL}}}\right)\right] \geqslant 0 \quad (4\text{-}23)$$

耐久性极限状态方程包含5个随机变量,分别是临界氯离子浓度 C_{cr}、表面氯离子浓度 C_s、保护层厚度 x_d、氯离子扩散系数 D_{NSSD}、氯离子扩散系数的衰减系数 η 以及时间变量设计使用年限 t_{SL}。随机变量统计特性需充分考虑工程特定环境和材料性能,根据长期工程调研和暴露试验数据确定。对应钢筋脱钝极限状态,港珠澳大桥工程混凝土结构氯离子侵蚀耐久性设计的可靠度指标为1.3。

$$\Phi^{-1}[1-P(G<0)]_r \geqslant 1.3 \quad (4\text{-}24)$$

将不确定性对应关系带入,可得到关于质量控制指标 D_{NSSM}(后文简记为 D)的耐久性极限状态设计函数:

$$G = C_{cr} - C_s\left[1 - \text{erf}\left(\frac{x_d}{2\sqrt{e^\varepsilon AD_{NSSM}^B \eta t_{SL}}}\right)\right] \geqslant 0 \quad (4\text{-}25)$$

如果已经得到 D 的施工总体概率分布形式及统计参数,即可用上式计算施工后实际的可靠度指标,根据其是否达到港珠澳大桥工程规定的可靠度指标下限1.3,判断施工质量是否符合设计要求。相应地,如果已知保护层厚度等其他设计参数的统计特性 W,给定了可靠度指标 β_r,便确定了 D 的统计特性 S_D 所要合格的约束:

$$Q(W,S_D,\beta_r) = \Phi^{-1}[1-P(G<0)] - \beta_r \quad (4\text{-}26)$$

式中:Q——质量极限状态函数。$Q>0$ 时,结构施工质量合格需求;$Q<0$ 时,结构施工质量不合格需求;$Q=0$ 时,结构处于质量极限状态,称为质量控制方程。

对于港珠澳大桥工程,$\beta_r=1.3$,对应的质量控制方程表示为 $Q_R=0$,据此可得到 S_D。

通过上述步骤得到的 S_D,实际上对应于在使用者对结构安全性的最低要求下 D 的质量水平,任何低于它的质量水平都是不合格而需要被使用者拒绝的。因此,定义 RQL 等价于 $Q_R=0$ 对应的质量水平。由于 D 服从对数正态分布,令 $X=\ln D$,$X \sim N(\mu,\sigma^2)$。图4-5表示在 μ-σ 坐标系中,港珠澳大桥工程不同环境分区下的 $Q_R=0$,也即 RQL。当 σ 只在一定范围内变化时,可近似用直线代替该曲线方程。

$$\mu = \ln D_k - d_R \sigma \quad (4\text{-}27)$$

$\ln D_k$ 和 d_R 通过线性回归的方法得到。由上式可知:

$$P(D \leqslant D_k \mid Q_R=0) = \Phi\left[\frac{\ln D_k - \mu}{\sigma} \bigg| Q_R=0\right] = \Phi(d_R) = p_R \quad (4\text{-}28)$$

这表明 RQL 等价于 D 关于特征值 D_k 有 p_R 保证率的质量水平，d_R 为与之对应的保证率常数。从图 4-5 可见，大气区与水下区的 RQL 较为接近，而浪溅区对应的特征值较小且保证率较大，即对 D 的质量要求更高。工程应用中，为方便建立质量接收准则，一般会采用单个保证率值，而使用不同的特征值。因此偏于安全地，RQL 对应的保证率 p_R 可统一取为 75%，对应于浪溅区的保证率常数 $d_R = 0.689$。特征值 D_k 在浪溅区、大气区、水下区分别为 7.1、7.8、8.0，单位为 $10^{-12}\mathrm{m^2/s}$。

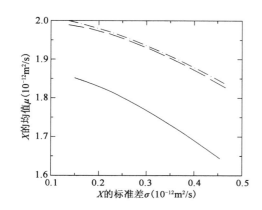

环境分区	$\ln D_k$	d_R	图例
浪溅区	1.965	0.689	——
大气区	2.055	0.445	------
水下区	2.079	0.504	—·—·—

图 4-5　各环境分区下的 RQL

另一方面，对于生产者而言，如果质量水平达到事先指定的施工配制要求，那么产品理应被接收。因此 AQL 可以定义为事先要求的施工配制质量水平。假设其对应的质量控制方程为 $Q_A = 0$，同时该质量水平下 D 关于特征值 D_k 有 p_A 保证率，则：

$$P(D \leqslant D_k \mid Q_A = 0) = p_A \tag{4-29}$$

可以得到：

$$\mu = \ln D_k - d_A \sigma \tag{4-30}$$

式中：d_A——与 p_A 对应的保证率常数。

式(4-30)也可用来指导生产者确定氯离子扩散系数的施工配制值 μ，如何选择 p_A 可根据其自身的技术条件和生产成本决定。

抽样检验中两类错判风险 α 和 β 应当控制在较低水平。常用的标准型抽样方案中，α 固定在 5%，在其他类型的方案中，α 则在 1%～10% 之间变化，而 β 的常用值为 10%。我国相关规范建议主控项目中 α 和 β 不宜超过 5%；一般项目中 α 不宜超过 5%，β 不宜超过 10%。尽管港珠澳大桥工程可以归类为主控项目，但由于本书对 RQL 的质量水平规定较为严格，所以风险水平可以相对宽松，因此规定两种风险的容许限分别为 $[\alpha] = 5\%$，$[\beta] = 10\%$。RQL 和 AQL 以及对应的 β 和 α 分别为使用者和生产者提供了保护。出于对结构安全和使用者风险的优先考虑，抽样方案的设计将采用使用者风险 β 不增加的原则。

标准差 σ 已知时,接收准则的形式为:

$$\begin{cases} \bar{X}_N + k_1\sigma \leq \ln D_k \\ X_{\max} \leq \ln D_k + A \end{cases} \quad (4\text{-}31)$$

标准差 σ 未知时,接收准则的形式为:

$$\begin{cases} \bar{X}_N + k_2 S_N \leq \ln D_k \\ X_{\max} \leq \ln D_k + A \end{cases} \quad (4\text{-}32)$$

式中:$\bar{X}_N$、$X_{\max}$——分别为样本平均值和样本最大值;

S_N——样本标准差,按下式计算:

$$S_N = \sqrt{\dfrac{\sum_{i=1}^{N} X_i^2 - N\bar{X}_N^2}{N-1}} \quad (4\text{-}33)$$

k_1、k_2、A 称为接收常数,按照上节所述方法计算,与样本量的对应关系列于表 4-3 中。$\ln D_k$ 在浪溅区、大气区、水下区分别为 1.965、2.055、2.079,D_k 单位为 $10^{-12}\,\mathrm{m^2/s}$。当 N 大于 20,按等于 20 时的接收常数判断质量是否合格要求。对应不同样本数量的接收常数取值见表 4-3。

用于判断质量合格的接收常数　　　　表 4-3

N	k_1	k_2	A	N	k_1	k_2	A
3	1.414	2.603	0.320	12	1.044	1.188	0.449
4	1.315	1.972	0.348	13	1.030	1.162	0.456
5	1.248	1.698	0.370	14	1.017	1.139	0.463
6	1.198	1.540	0.387	15	1.005	1.119	0.469
7	1.159	1.435	0.401	16	0.995	1.101	0.474
8	1.128	1.360	0.413	17	0.985	1.085	0.479
9	1.102	1.302	0.424	18	0.977	1.071	0.484
10	1.080	1.257	0.433	19	0.968	1.058	0.489
11	1.061	1.219	0.442	20	0.961	1.046	0.493

由表 4-3 可以看到,随着 N 的增大,k_1、k_2 减小而 A 增大,意味着对样本均值和最大值的要求变宽松,这是由样本量的增大引起统计不确定性的减小,从而对统计量的估计更为准确导致的。同时,k_1 始终小于 k_2,说明相比于 σ 已知的情况,σ 未知时对样本均值的要求更为严格。

4.3 混凝土耐久性参数检测

4.3.1 结构混凝土强度

1. 沉管隧道

港珠澳大桥沉管隧道采用 C45 混凝土,试块分为室内标准养护和现场同条件养护。室内标准养护条件为相对湿度大于 98%,温度为 20℃;现场同条件养护将试块置于沉管节段预制现场。强度检测数据汇总后可分为 4 类:28d 标准养护抗压强度,28d 同条件养护抗压强度,56d 标准养护抗压强度以及 56d 同条件养护抗压强度,共包括 28d 及 56d 的标准养护试块抗压强度数据各 1 258 组,28d 及 56d 的同条件养护抗压强度数据各 36 组。沉管隧道混凝土抗压强度数据统计分析见表 4-4 及图 4-6~图 4-9。

沉管隧道混凝土抗压强度数据统计分析 　　　　表 4-4

参　　数	28d 标准养护	56d 标准养护	28d 同条件养护	56d 同条件养护
均值(MPa)	60.6	68.1	65.1	71.1
样本组数 N	1 258	1 258	36	36
标准差(MPa)	2.49	2.32	2.90	1.07
变异系数(%)	4.1	3.4	4.5	1.5
90% 置信区间	[56.5,64.7]	[64.3,71.9]	[60.3,69.9]	[69.3,72.8]

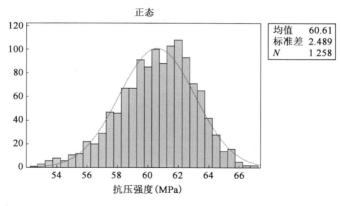

图 4-6　28d 沉管隧道标准养护混凝土抗压强度

强度数据表明,各类养护条件下的混凝土强度等级均达到了 C45 的要求,强度的离散性(变异系数)为 1.5%~4.5%,表明混凝土强度质量控制比较平稳。基于以上强度检测数据,对港珠澳大桥沉管隧道混凝土强度的质量分析见本章第 4 节。

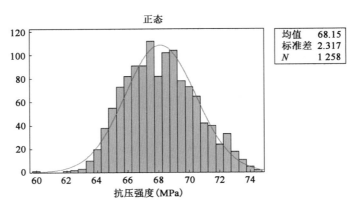

图 4-7　56d 沉管隧道标准养护混凝土抗压强度

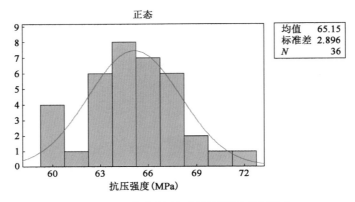

图 4-8　28d 沉管隧道同条件养护混凝土抗压强度

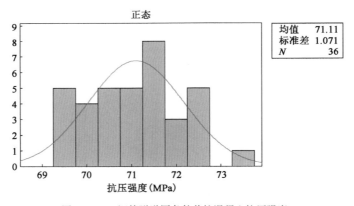

图 4-9　56d 沉管隧道同条件养护混凝土抗压强度

2. 桥梁

港珠澳大桥预制段桥面板采用 C60 混凝土,桥墩采用 C50 混凝土,承台采用 C45 混凝土。混凝土试块分为室内标准养护和现场同条件养护。标准养护条件与沉管隧道相同,同条件养护试块的养护条件与桥面板预制条件相同。收集了桥梁结构不同部位和构件的混凝土试块抗压强度数据,包括 28d 承台标准养护抗压强度数据 69 组,28d 桥墩标准养护抗压强度数据 72 组,28d 桥面板标准养护抗压强度数据 384 组,以及 7d 桥面板同条件养护抗压强度数据 183 组。桥标工程预制段混凝土抗压强度数据统计分析见表 4-5 及图 4-10 ~ 图 4-13。

桥标工程预制构件混凝土抗压强度数据统计分析　　　　表 4-5

部位	28d 承台标准养护	28d 桥墩标准养护	28d 桥面板标准养护	7d 桥面板同条件养护
等级	C45	C50	C60	C60
样本组数 N	69	72	384	183
均值(MPa)	58.9	65.1	65.1	58.6
标准差(MPa)	3.61	4.38	4.35	4.30
变异系数(%)	6.1	6.7	6.7	7.3
90% 置信区间	[52.6,64.5]	[57.8,72.3]	[57.9,72.2]	[51.5,65.6]

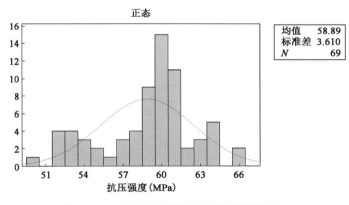

图 4-10　28d 标准养护混凝土抗压强度(桥梁承台)

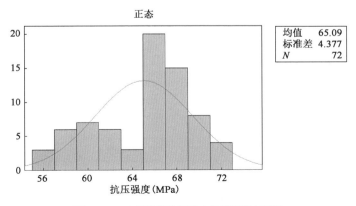

图 4-11　28d 标准养护混凝土抗压强度(桥墩)

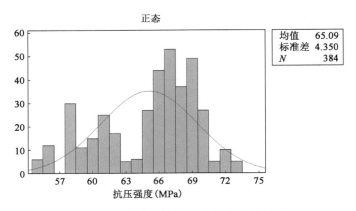

图 4-12 28d 标准养护混凝土抗压强度(桥面板)

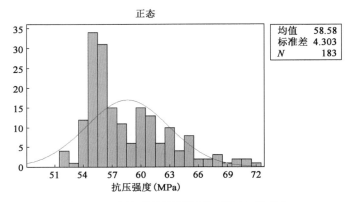

图 4-13 7d 同条件养护混凝土抗压强度(桥面板)

另外,还收集了桥标工程现浇段的一些混凝土试块的抗压强度数据。现浇段承台采用 C45 混凝土,桥墩采用 C50 混凝土,箱梁采用 C55 混凝土,支座垫石与挡块采用 C50 混凝土。试块均为 28d 标准养护试块。数据包括 28d 承台标准养护抗压强度 21 组,28d 桥墩标准养护抗压强度 36 组,28d 箱梁标准养护抗压强度 48 组,以及 28d 支座垫石与挡块标准养护抗压强度 24 组。桥标工程现浇段混凝土抗压强度数据统计分析见表 4-6 及图 4-14 ~ 图 4-17。

桥标工程现浇构件混凝土抗压强度数据统计分析　　　表 4-6

部位	28d 承台标准养护	28d 桥墩标准养护	28d 箱梁标准养护	28d 支座垫石与挡块标准养护
等级	C45	C50	C55	C50
样本组数 N	21	36	48	24
均值(MPa)	52.2	65.5	69.5	65.4
标准差(MPa)	5.76	9.66	7.04	5.93
变异系数(%)	11.0	14.8	10.1	9.1
90%置信区间	[42.7,61.7]	[49.6,81.4]	[57.9,81.1]	[55.6,75.2]

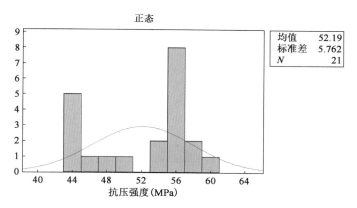

图 4-14　28d 标准养护混凝土抗压强度(桥梁承台)

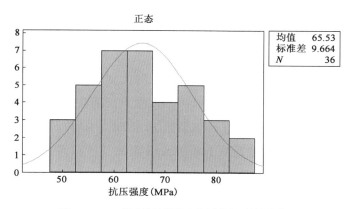

图 4-15　28d 标准养护混凝土抗压强度(桥梁墩身)

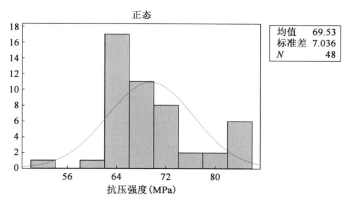

图 4-16　28d 标准养护混凝土抗压强度(箱梁)

桥标工程混凝土强度指标的平均值基本达到相应的强度等级。预制段强度数据的离散性(变异系数)为 6%~7%，表明强度控制比较稳定；现浇段强度数据离散性较高，达到 9%~15%。基于以上强度检测数据，对港珠澳大桥桥梁结构混凝土强度的质量分析见本章第 4 节。

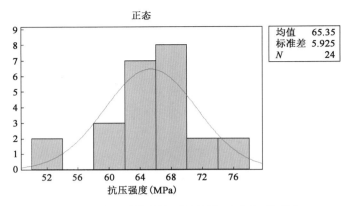

图 4-17　28d 标准养护混凝土抗压强度(支座垫石与挡块)

4.3.2　结构混凝土氯离子扩散系数

1. 沉管隧道

港珠澳大桥沉管隧道混凝土的氯离子扩散系数的控制值,最大值确定为 $6.5 \times 10^{-12} \mathrm{m}^2/\mathrm{s}$ (28d), $4.5 \times 10^{-12} \mathrm{m}^2/\mathrm{s}$ (56d)。测试方法为《普通混凝土长期性能和耐久性能试验方法标准》(GB/T 50082—2009)中的"快速氯离子迁移系数法(RCM 方法)"[13],试块养护条件为室内标准养护。数据包括 28d 氯离子扩散系数 148 组,56d 氯离子扩散系数 148 组。沉管隧道氯离子扩散系数数据统计分析见表 4-7 及图 4-18、图 4-19。

沉管隧道混凝土氯离子扩散系数数据统计分析　　表 4-7

参　　数	28d 氯离子扩散系数	56d 氯离子扩散系数
设计值($10^{-12}\mathrm{m}^2/\mathrm{s}$)	6.5	4.5
样本组数 N	148	148
均值($10^{-12}\mathrm{m}^2/\mathrm{s}$)	4.68	2.95
标准差($10^{-12}\mathrm{m}^2/\mathrm{s}$)	1.11	1.10
变异系数(%)	23.7	37.3
90% 置信区间	[2.85,6.5]	[1.14,4.76]

从沉管隧道的标准养护混凝土氯离子扩散系数的统计结果来看,其平均值都在设计控制值以下,28d 扩散系数的变异系数为 23.7%,而 56d 扩散系数的变异系数为 37.3%,其离散程度比初步设计对氯离子扩散系数的假定(变异系数为 20%)要大。基于以上检测数据,对港珠澳大桥沉管隧道混凝土的质量分析见本章第 4 节。

2. 桥梁

港珠澳大桥预制段桥面板采用 C60 混凝土,桥墩采用 C50 混凝土,承台采用 C45 混凝土。

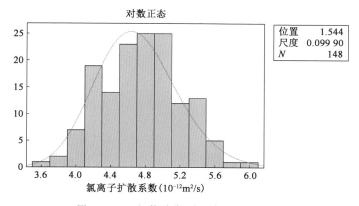

图 4-18　28d 沉管隧道混凝土氯离子扩散系数

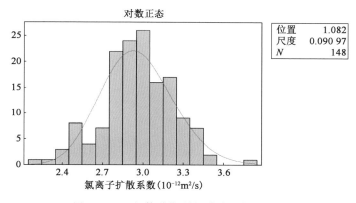

图 4-19　56d 沉管隧道混凝土氯离子扩散系数

根据耐久性设计,承台、桥墩及桥面板的 28d 氯离子扩散系数最大控制值分别为 6.5×10^{-12} m^2/s、$6.5 \times 10^{-12} m^2/s$、$7.5 \times 10^{-12} m^2/s$,56d 氯离子扩散系数最大控制值分别为 $4.5 \times 10^{-12} m^2/s$、$4.5 \times 10^{-12} m^2/s$、$5.5 \times 10^{-12} m^2/s$。试块为室内标准养护条件养护至指定龄期(28d、56d),测试方法为 RCM 方法。收集到桥标工程氯离子扩散系数数据共 159 组,其中 28d 承台 34 组、28d 桥墩 35 组、28d 桥面板 18 组、56d 承台 24 组、56d 桥墩 30 组、56d 桥面板 18 组。桥标工程预制段混凝土的氯离子扩散系数统计分析见表 4-8 及图 4-20 ~ 图 4-25。

桥标工程预制构件混凝土氯离子扩散系数统计分析　　　表 4-8

参　数	28d 承台	56d 承台	28d 桥墩	56d 桥墩	28d 桥面板	56d 桥面板
设计值($10^{-12} m^2/s$)	6.5	4.5	6.5	4.5	7.5	5.5
样本组数 N	34	24	35	30	18	18
均值($10^{-12} m^2/s$)	4.45	2.88	4.10	2.86	4.83	3.93
标准差($10^{-12} m^2/s$)	1.16	1.13	1.15	1.21	1.22	1.12
变异系数(%)	26.2	39.4	28.1	42.2	25.2	28.4
90% 置信区间	[2.54,6.37]	[1.01,4.74]	[2.20,5.99]	[0.88,4.84]	[2.83,6.83]	[2.09,5.76]

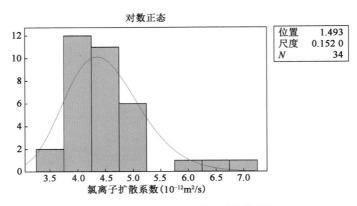

图 4-20　28d 承台混凝土氯离子扩散系数

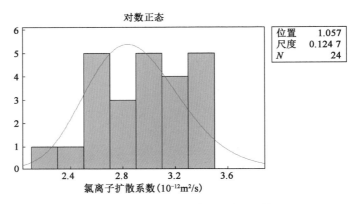

图 4-21　56d 承台混凝土氯离子扩散系数

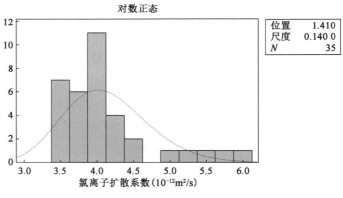

图 4-22　28d 桥墩混凝土氯离子扩散系数

另外,还收集了桥标工程现浇段的部分混凝土氯离子扩散系数,包括 9 组 56d 承台数据、8 组 56d 桥墩数据、22 组 56d 钻孔灌注桩数据、7 组 28d 箱梁数据、5 组 56d 箱梁数据、4 组 56d 混凝土垫块数据。试块为室内标准养护条件养护至指定龄期(28d、56d),测试方法为 RCM 方法。桥标工程现浇段混凝土的氯离子扩散系数统计分析见表 4-9 及图 4-26 ~ 图 4-31。

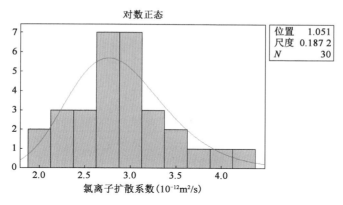

图 4-23　56d 桥墩混凝土氯离子扩散系数

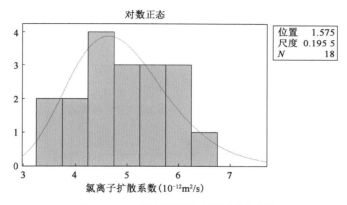

图 4-24　28d 桥面板混凝土氯离子扩散系数

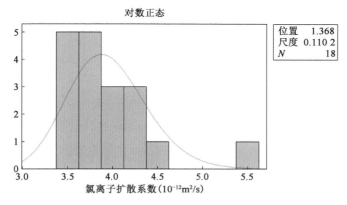

图 4-25　56d 桥面板混凝土氯离子扩散系数

桥标现浇构件混凝土氯离子扩散系数统计分析　　　　　　　　表4-9

部位	56d 承台	56d 桥墩	56d 钻孔灌注桩	28d 箱梁	56d 箱梁	56d 混凝土垫块
设计值($10^{-12}m^2/s$)	4.5	4.5	5.0	6.0	4.0	4.5
样本组数 N	9	8	22	7	5	4
均值($10^{-12}m^2/s$)	2.21	3.17	3.06	3.81	2.80	2.58
标准差($10^{-12}m^2/s$)	1.62	1.25	1.22	1.04	1.04	1.70
变异系数(%)	74	39	40	27	37	66
90%置信区间	[0,4.88]	[1.12,5.23]	[1.05,5.08]	[2.10,5.53]	[1.09,4.50]	[0,5.38]

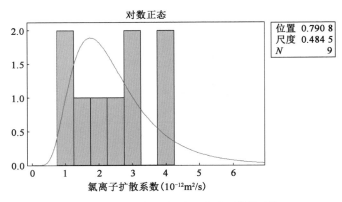

图4-26　56d 现浇承台混凝土氯离子扩散系数

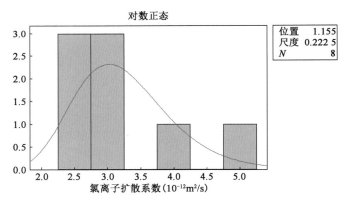

图4-27　56d 现浇墩身混凝土氯离子扩散系数

从预制桥梁标段的标准养护混凝土氯离子扩散系数的统计结果来看，其平均值都在设计控制值以下，28d 扩散系数的变异系数在28%左右，而56d 扩散系数的变异系数在40%左右，其离散程度比初步设计对氯离子扩散系数的假定(变异系数为20%)要大。现浇段标准养护试块氯离子扩散系数的离散性则更大，各构件的试验数据组数较少，基本都在9组以下，其变异系数最高达到74%。钻孔灌注桩56d 试验数据组数较多，达到22组，相应的其变异系数为40%，与预制段相近。基于以上检测数据，对港珠澳大桥桥梁结构混凝土的质量分析见本章第4节。

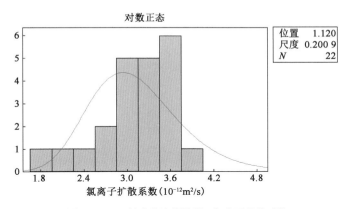

图 4-28　56d 钻孔灌注桩混凝土氯离子扩散系数

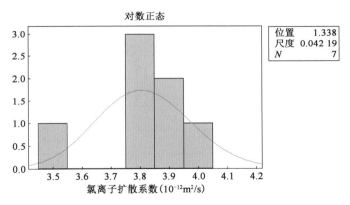

图 4-29　28d 现浇箱梁混凝土氯离子扩散系数

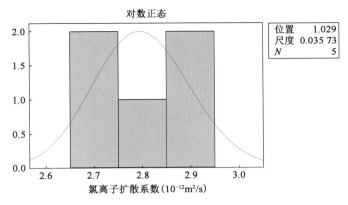

图 4-30　56d 现浇箱梁混凝土氯离子扩散系数

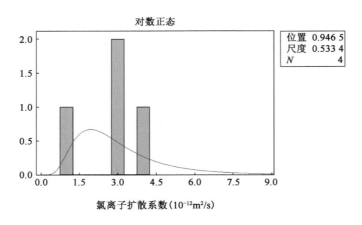

图 4-31 56d 混凝土垫块氯离子扩散系数

4.3.3 表面电阻率测试

在现场测试了港珠澳大桥沉管隧道混凝土的电阻率,采用 Wenner 方法在 15cm×15cm×15cm 标准试块上进行测试,试块为标准养护条件养护至 28d 龄期,电阻值数据共 284 组,数据统计分析见表 4-10 及图 4-32。

沉管隧道混凝土表面电阻率统计分析(28d 标准养护)　　表 4-10

样本组数 N	均值($k\Omega \cdot cm$)	标准差($k\Omega \cdot cm$)	变异系数(%)	90% 置信区间
284	20.3	1.7	8.4	[17.4, 23.0]

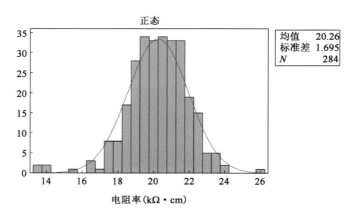

图 4-32 28d 沉管隧道混凝土表面电阻率

从电阻率的测试结果可以看出,电阻率的 95% 置信区间比较窄,标准差和平均值的比值(变异系数)仅为 8%,比氯离子扩散系数的变异系数小得多,因此可以考虑将表面电阻率作为混凝土质量的表征参数之一。同时应该注意到,使用 Wenner 方法测量得到的混凝土材料的表面电阻率与使用其他方法(如交流电极法)测量得到的电阻率数值有很大不同。实验室测量的水胶比为0.3的混凝土电阻率普遍达到了400kΩ·cm左右,而沉管隧道标准试块上的表面电阻率测量值仅仅为20kΩ·cm左右,说明表面电阻率测试方法涉及的材料范围和深度非常有限。

4.3.4 沉管模型检测

1. 足尺模型介绍

沉管隧道足尺模型试验是为了研究沉管隧道构件设计中所用混凝土原材料、配合比以及控裂措施的可靠程度,同时预演沉管预制过程中制作并绑扎钢筋、操作模板、安装定位止水带、浇筑并保养混凝土等一系列技术措施而开展的试验。足尺模型按全断面进行预制,共浇筑S1、S2两小节段,纵向长度均为5.8m。S1节段配合比的水胶比为0.34;S2节段配合比包括水胶比0.35,用于浇筑底板、侧墙及中隔墙,以及水胶比0.36,用于浇筑顶板。

(1)S1节段足尺模型

2012年2月,港珠澳大桥沉管预制厂浇筑了S1节段足尺模型(图4-33),全程浇筑时间约42h。S1节段混凝土材料的理论配合比见表4-11。根据实验室粗细集料含水率的试验结果调整施工配料,得到施工配合比,见表4-11。

图4-33 沉管隧道足尺模型制作现场(S1节段)

S1节段足尺模型混凝土理论与施工配合比 表4-11

施工配料比例	水泥	粉煤灰	矿粉	河砂	碎石		减水剂	拌和用水
					大石	小石		
理论配合比	1	0.63	0.69	3.85	3.91	1.67	0.023	0.79
施工配合比(kg/m^3)	189	120	131	760	743	318	4.4	109

S1节段足尺模型混凝土各项实验室性能指标与现场实测性能见表4-12和表4-13,混凝土各项力学性能和耐久性均满足设计要求。

S1 节段足尺模型混凝土各项实验室性能指标   表 4-12

新拌混凝土		硬化混凝土				
坍落度(mm)	175	龄期	1d	3d	7d	28d	56d
1h 坍落度损失(mm)	5	抗压强度(MPa)	—	28.7	41.9	65.7	69.2
含气量(%)	2.5	劈裂抗拉强度(MPa)	—	—	2.67	—	—
密度(kg/m³)	—	抗水压渗透性	—	—	—	P12	—
初凝时间(h)	9.1	氯离子扩散系数($10^{-12}m^2/s$)	—	—	—	4.53	2.58
泌水率(%)	—	弹性模量(10^4MPa)					

S1 节段足尺模型混凝土各项现场实测性能   表 4-13

新拌混凝土		硬化混凝土					
坍落度(mm)	165	龄期	1d	3d	7d	28d	56d
1h 坍落度损失(mm)	10	抗压强度(MPa)	22.7	28.8	47.3	57.7	71.4
含气量(%)	1.6	劈裂抗拉强度(MPa)	1.12	2.33	—	—	—
密度(kg/m³)	2 415	抗水压渗透性	—	—	—	P12	—
初凝时间(h)	11.42	氯离子扩散系数($10^{-12}m^2/s$)	—	—	—	3.6	2.6
泌水率(%)	0.5	弹性模量(10^4MPa)	—	—	2.91	3.46	—

(2)S2 节段足尺模型

2012 年 4 月,港珠澳大桥沉管预制厂浇筑了 S2 节段足尺模型,全程浇筑时间约 30h。S2 节段足尺模型使用了编号为 0003 与 0005 的两组配合比,其中 0003 用于浇筑顶板,0005 用于浇筑底板、侧墙及中隔墙,见表 4-14。

S2 节段足尺模型混凝土理论配合比与施工配合比   表 4-14

配合比编号		水泥	粉煤灰	矿粉	河砂	碎石		减水剂	拌和用水	水胶比
						大石	小石			
0005	理论配合比	1	0.56	0.67	4.1	1.6	3.8	0.78	0.022	0.35
	施工配合比(kg/m³)	189	105	126	803	726	316	4.2	108	0.35
0003	理论配合比	1	0.50	0.50	3.94	1.57	3.65	0.72	0.022	0.36
	施工配合比(kg/m³)	200	100	100	816	738	321	4.4	101	0.36

S2 节段足尺模型混凝土,不同配合比的各项实验室性能指标见表 4-15、表 4-16,各项现场实测性能见表 4-17。

S2 节段足尺模型混凝土各项实验室性能指标(配合比 0003)   表 4-15

新拌混凝土		硬化混凝土					
坍落度(mm)	150	龄期	1d	3d	7d	28d	56d
1h 坍落度损失(mm)	5	抗压强度(MPa)	—	26.7	42.7	58.1	—
含气量(%)	2.4	劈裂抗拉强度(MPa)	—	—	2.43	—	—

续上表

新拌混凝土		硬化混凝土				
密度（kg/m³）	2 380	抗水压渗透性	—	—	P12	—
初凝时间（h）	11.9	氯离子扩散系数 （10^{-12} m²/s）	—	—	5.3	—

S2节段足尺模型混凝土各项实验室性能指标（配合比0005）　　　表4-16

新拌混凝土		硬化混凝土				
坍落度（mm）	205	龄期	1d	3d	7d	28d	56d
1h坍落度损失（mm）	10	抗压强度（MPa）	—	26.9	42.1	—	—
含气量（%）	2.5	劈裂抗拉强度（MPa）	—	2.38	—	—	—
密度（kg/m³）	2 370	抗水压渗透性	—	—	—	—	—
初凝时间（h）	12.2	氯离子扩散系数 （10^{-12} m²/s）	—	—	—	—	—

S2节段足尺模型混凝土各项现场实测性能　　　表4-17

新拌混凝土		硬化混凝土					
坍落度（mm）	195	龄期	1d	3d	7d	28d	56d
1h坍落度损失（mm）	10	抗压强度（MPa）	21.5	30.4	44.7	59.2	71.4
含气量（%）	2.3	劈裂抗拉强度（MPa）	1.76	2.82	—	—	—
密度（kg/m³）	2 382	抗水压渗透性	—	—	—	P12	—
初凝时间（h）	9.8	氯离子扩散系数 （10^{-12} m²/s）	—	—	—	2.47	—
泌水率（%）	0	弹性模量（10^4 MPa）	—	2.95	3.52	—	—

S2节段足尺模型采用泵送混凝土浇筑工艺，浇筑过程中无泌水现象，外观质量优于S1节段足尺模型，见图4-34。混凝土各项力学性能和耐久性均满足设计要求。

图4-34　足尺模型S1/S2节段混凝土外观对比：S1（左）、S2（右）

2. 足尺模型保护层厚度

沉管隧道足尺模型保护层厚度测试方法包括取芯实测、雷达钻芯确定波速法、雷达CMP

无损检测扫描确定波速法。研究实测了沉管外壁最外层钢筋的保护层厚度,该钢筋的保护层厚度的设计值为93mm。实测保护层厚度统计分析见表4-18及图4-35~图4-37。从中可以看出钢筋保护层厚度基本分布在其平均值的±5mm范围内,但三种方法测量的保护层厚度存在一定偏差。取芯实测平均值为95.3mm,雷达钻芯波速法测试厚度平均值为94.9mm,两者偏差平均值为2.2mm;雷达CMP波速法测试厚度平均值为97.4mm,与取芯实测保护层厚度偏差为3.2mm。有关保护层厚度的无损检测方法在《港珠澳大桥混凝土质量控制规程》[22]7.3.4节有明确规定:对于厚度超过60mm的保护层使用雷达探测技术,测量允许误差为±3mm。三种方法测量的沉管隧道足尺模型保护层厚度统计数据见表4-18和图4-35~图4-37。

沉管隧道足尺模型保护层厚度(mm)　　　　　　　表4-18

序号	取芯实测(0)	雷达钻芯波速法(1)	雷达CMP波速法(2)	0-1偏差绝对值	0-2偏差绝对值
1	96.1	94.3	93.0	1.8	3.1
2	90.2	91.1	93.5	0.9	3.3
3	94.3	97.2	99.8	2.9	5.5
4	92.1	95.5	99.3	3.4	7.2
5	94.8	97.6	100.6	2.8	5.8
6	95.0	94.1	100.2	0.9	5.2
7	95.5	92.3	95.0	3.2	0.5
8	97.1	93.8	101.3	3.3	4.2
9	98.3	92.4	99.4	5.9	1.1
10	98.4	99.6	97.3	1.2	1.1
11	92.7	93.5	89.7	0.8	3.0
12	94.2	93.2	97.3	1.0	3.1
13	97.9	95.0	97.6	2.9	0.3
14	98.0	98.2	99.0	0.2	1.0
平均值	95.3	94.9	97.4	2.2	3.2

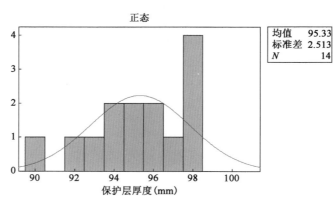

图4-35　取芯实测保护层厚度

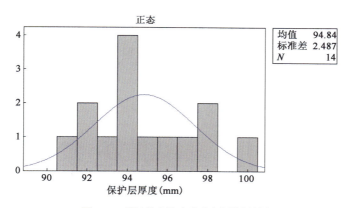

图 4-36 雷达钻芯波速法确定保护层厚度

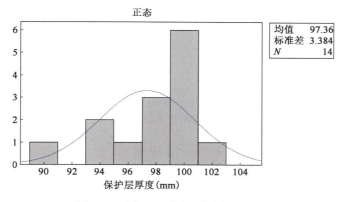

图 4-37 雷达 CMP 波速法确定保护层厚度

在沉管隧道测试保护层厚度要求不取芯情况下,雷达 CMP 波速法满足检测精度要求。

3. 足尺模型氯离子扩散系数

足尺模型混凝土氯离子扩散系数测试方法为快速氯离子迁移系数法(RCM 法),试验所用试块来源于现场取芯试块和标准条件养护试块,现场取芯位置示意图见图 4-38。

图 4-38 中,a 位置代表近浅坞侧墙根部,b 位置代表行车廊道底板中部,c 位置代表中隔墙根部,d 位置代表中间廊道底板中部,e 位置代表侧墙根部,f 位置代表顶板中部。对于 S1 节段,28d 及 56d 都是现场取得 6 组取芯试块,每组 3 块,同时底板与顶板位置现场留样标准养护试块 2 组,每组 3 块,共计 8 组试块。对于 S2 节段,28d 现场取得 3 组取芯试块,每组 3 个,同时底板与顶板位置现场留样标准养护试块 2 组,每组 3 个,共计 5 组试块。另外,足尺模型标准养护试块的混

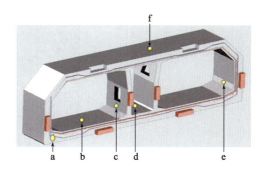

图 4-38 足尺模型取芯位置示意图

凝土氯离子扩散系数包括 S1 节段 28d 及 56d 数据各 8 组，S2 节段 28d 数据 5 组。现场取芯与标准养护试块混凝土的氯离子扩散系数统计分析见表 4-19～表 4-21 及图 4-39、图 4-40。

足尺模型（S1 节段）氯离子扩散系数 RCM 试验值（$10^{-12}\mathrm{m}^2/\mathrm{s}$）　　　　表 4-19

龄期	位置						底板标准养护	顶板标准养护
	a	b	c	d	e	f		
28d	3.0	3.8	4.1	4.0	2.6	3.1	3.5	3.3
	3.0	4.0	4.3	3.3	3.8	3.8	3.8	3.1
	3.0	4.3	5.0	4.5	3.1	3.6	4.1	3.4
56d	2.2	2.5	2.8	2.6	2.4	2.3	3.1	3.2
	2.3	2.5	2.7	2.7	2.5	2.4	2.9	3.5
	2.1	2.4	2.7	2.6	2.3	2.3	3.2	3.2

足尺模型（S2 节段）氯离子扩散系数 RCM 试验值（$10^{-12}\mathrm{m}^2/\mathrm{s}$）　　　　表 4-20

龄期	位置			底板标准养护	顶板标准养护
	b	c	e		
28d	3.1	2.3	2.0	4.5	4.4

足尺模型氯离子扩散系数 RCM 试验值统计分析　　　　表 4-21

参数	节段/龄期		
	S1 节段/28d	S1 节段/56d	S2 节段/28d
设计值（$10^{-12}\mathrm{m}^2/\mathrm{s}$）	6.5	4.5	6.5
样本个数 N	24	24	5
均值（$10^{-12}\mathrm{m}^2/\mathrm{s}$）	3.65	2.64	3.26
标准差（$10^{-12}\mathrm{m}^2/\mathrm{s}$）	0.58	0.37	1.16
变异系数（%）	15.9	14.1	35.5
90% 置信区间	[2.77,4.68]	[2.09,3.28]	[1.69,5.67]

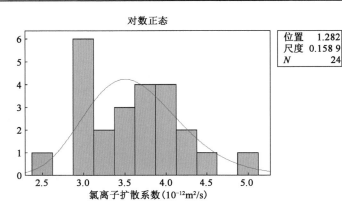

图 4-39　S1 节段 28d 氯离子扩散系数

第4章 施工过程混凝土耐久性质量分析

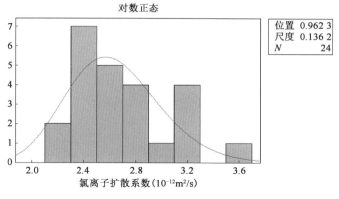

图 4-40 S1 节段 56d 氯离子扩散系数

从现场取芯试块的 RCM 氯离子扩散系数测试结果来看，S1 节段的 28d 值均在 $4.5 \times 10^{-12} \mathrm{m}^2/\mathrm{s}$ 以内，符合设计值的要求，S2 节段 28d 的数值更加小。究其原因，是由于沉管混凝土在硬化过程中经历了显著的温升过程，对结构混凝土的硬化过程有加速作用。对比相同龄期(28d/56d)的标准养护混凝土，其微观结构更加致密，这个趋势在 56d 龄期较为显著。从表 4-21 的平均值来看，现场取芯和标准养护试块混凝土的氯离子扩散系数的平均值均满足设计要求。同时，S1 节段的 28d 和 56d 氯离子扩散系数的变异系数分别为 15.9% 和 14.1%，小于初步设计中对氯离子扩散系数变异系数的假设(20%)；S2 节段 28d 的变异系数为 35.5%，大于初步设计中对氯离子扩散系数变异系数的假设(20%)，但该组样本数少，不能全面反映氯离子扩散系数的真实统计规律。更加详细的针对氯离子扩散系数的耐久性质量分析见本章第 4 节。

4.4 基于检测数据的结构混凝土质量分析

4.4.1 混凝土强度

《港珠澳大桥混凝土耐久性质量控制技术规程》[22]对现场结构混凝土的强度有如下规定：当验收批内的混凝土试件组数 $n \geqslant 5$ 时，混凝土强度合格评定的统计数据应能同时满足下列两条：

$$m_{f_{cu}} - S_{f_{cu}} \geqslant f_{cu,k} \tag{4-34}$$

$$f_{cu,\min} \geqslant f_{cu,k} - k\sigma_0 \tag{4-35}$$

式中：$f_{cu,k}$——该验收批混凝土立方抗压强度标准值(MPa)；

$m_{f_{cu}}$——n 组混凝土立方体强度的平均值(MPa)；

k——系数，当 $n = 5 \sim 9$ 时，$k = 0.7$；$n = 10 \sim 19$ 时，$k = 0.9$；$n \geqslant 20$ 时，$k = 1$；

$f_{cu,\min}$——该验收批混凝土立方体强度中的最小值(MPa)；

σ_0——混凝土立方体强度标准差的平均水平(MPa);

S_{fcu}——n 组混凝土立方体强度的标准差(MPa),可按下式计算:

$$S_{fcu} = \sqrt{\frac{\sum_{i=1}^{n} f_{cu,k}^2 - nm_{fcu}^2}{n-1}} \tag{4-36}$$

按照上述标准对采集到的混凝土强度的质量分析如下。

1. 沉管混凝土

根据上述准则,对沉管隧道某预制节段的前 10 个管节的混凝土强度进行了检测。其中:1、2 管节检测了 5 个批次,每个批次 17 组试件;3~10 管节检测了 8 个批次,每个批次 17 组试件。具体结果见表 4-22 ~ 表 4-31。

基于现场检测混凝土立方体强度(28d 标准养护)的质量分析(管节 1)　　表 4-22

内 容	批 次				
	1	2	3	4	5
标准值(MPa)	45	45	45	45	45
均值(MPa)	60.1	60.8	60.8	62.6	58.3
标准差(MPa)	1.2	0.8	1.4	1.5	2.8
最小值(MPa)	58	59.2	58.4	60	52.8
均值准则	合格	合格	合格	合格	合格
最小值准则	合格	合格	合格	合格	合格

基于现场检测混凝土立方体强度(28d 标准养护)的质量分析(管节 2)　　表 4-23

内 容	批 次				
	1	2	3	4	5
标准值(MPa)	45	45	45	45	45
均值(MPa)	60.0	60.6	62.1	62.2	61.1
标准差(MPa)	1.5	0.7	1.1	1.5	2.4
最小值(MPa)	57.4	59.2	60.1	59.6	57.5
均值准则	合格	合格	合格	合格	合格
最小值准则	合格	合格	合格	合格	合格

基于现场检测混凝土立方体强度(28d 标准养护)的质量分析(管节 3)　　表 4-24

内 容	批 次							
	1	2	3	4	5	6	7	8
标准值(MPa)	45	45	45	45	45	45	45	45
均值(MPa)	60.5	59.7	60.8	57.9	59.9	60.4	60.6	60.6
标准差(MPa)	2.3	1.5	1.7	1.9	2.4	2.1	1.1	0.7
最小值(MPa)	56.2	57.7	57.8	54.9	55.9	56.8	58.5	59.4
均值准则	合格	合格	合格	合格	合格	合格	合格	合格
最小值准则	合格	合格	合格	合格	合格	合格	合格	合格

基于现场检测混凝土立方体强度(28d 标准养护)的质量分析(管节 4) 表 4-25

内　容	批　次							
	1	2	3	4	5	6	7	8
标准值(MPa)	45	45	45	45	45	45	45	45
均值(MPa)	60.4	63.5	62.0	60.2	59.0	60.5	60.8	60.7
标准差(MPa)	2.4	2.0	2.0	2.2	2.3	1.0	1.3	0.8
最小值(MPa)	56.5	59.9	59.1	56.2	55.5	58.7	57.5	59.3
均值准则	合格	合格	合格	合格	合格	合格	合格	合格
最小值准则	合格	合格	合格	合格	合格	合格	合格	合格

基于现场检测混凝土立方体强度(28d 标准养护)的质量分析(管节 5) 表 4-26

内　容	批　次							
	1	2	3	4	5	6	7	8
标准值(MPa)	45	45	45	45	45	45	45	45
均值(MPa)	56.4	61.2	60.7	60.6	60.3	61.6	60.3	60.5
标准差(MPa)	2.6	2.1	2.3	1.9	2.1	2.0	2.4	1.3
最小值(MPa)	52.3	57	56.8	56.4	55.9	57.5	56.3	58.1
均值准则	合格	合格	合格	合格	合格	合格	合格	合格
最小值准则	合格	合格	合格	合格	合格	合格	合格	合格

基于现场检测混凝土立方体强度(28d 标准养护)的质量分析(管节 6) 表 4-27

内　容	批　次							
	1	2	3	4	5	6	7	8
标准值(MPa)	45	45	45	45	45	45	45	45
均值(MPa)	61.4	60.6	59.6	60.4	61.3	61.1	61.6	62.0
标准差(MPa)	2.1	2.0	2.0	1.7	2.0	2.0	2.1	2.1
最小值(MPa)	57.8	57.5	56.3	57.6	57.8	57.7	57.9	57.5
均值准则	合格	合格	合格	合格	合格	合格	合格	合格
最小值准则	合格	合格	合格	合格	合格	合格	合格	合格

基于现场检测混凝土立方体强度(28d 标准养护)的质量分析(管节 7) 表 4-28

内　容	批　次							
	1	2	3	4	5	6	7	8
标准值(MPa)	45	45	45	45	45	45	45	45
均值(MPa)	62.0	62.1	62.9	62.4	62.9	63.2	61.9	62.3
标准差(MPa)	2.1	1.9	2.4	1.8	1.6	2.3	1.7	2.2
最小值(MPa)	57.7	58.9	58.8	58.7	59.6	58.9	58.7	58.1
均值准则	合格	合格	合格	合格	合格	合格	合格	合格
最小值准则	合格	合格	合格	合格	合格	合格	合格	合格

基于现场检测混凝土立方体强度（28d 标准养护）的质量分析（管节 8）　　表 4-29

内　容	批次							
	1	2	3	4	5	6	7	8
标准值（MPa）	45	45	45	45	45	45	45	45
均值（MPa）	62.6	60.3	62.0	59.6	63.0	60.9	60.6	63.3
标准差（MPa）	1.6	1.7	1.9	1.9	1.6	2.0	1.9	1.8
最小值（MPa）	59.7	57.3	58.6	56.0	60.0	57.4	56.7	59.4
均值准则	合格	合格	合格	合格	合格	合格	合格	合格
最小值准则	合格	合格	合格	合格	合格	合格	合格	合格

基于现场检测混凝土立方体强度（28d 标准养护）的质量分析（管节 9）　　表 4-30

内　容	批次							
	1	2	3	4	5	6	7	8
标准值（MPa）	45	45	45	45	45	45	45	45
均值（MPa）	57.4	57.5	58.7	60.4	59.1	59.9	61.6	60.1
标准差（MPa）	2.5	2.6	2.6	2.1	2.4	2.5	2.2	2.4
最小值（MPa）	53.7	53.2	54.5	57.2	54.9	56.1	57.6	55.9
均值准则	合格	合格	合格	合格	合格	合格	合格	合格
最小值准则	合格	合格	合格	合格	合格	合格	合格	合格

基于现场检测混凝土立方体强度（28d 标准养护）的质量分析（管节 10）　　表 4-31

内　容	批次							
	1	2	3	4	5	6	7	8
标准值（MPa）	45	45	45	45	45	45	45	45
均值（MPa）	56.7	57.4	58.2	59.2	59.8	59.1	60.8	61.8
标准差（MPa）	2.6	2.4	2.5	2.6	2.5	2.8	2.4	1.8
最小值（MPa）	53.0	53.7	54.0	54.8	55.9	54.0	55.8	58.4
均值准则	合格	合格	合格	合格	合格	合格	合格	合格
最小值准则	合格	合格	合格	合格	合格	合格	合格	合格

2. 桥梁混凝土

对桥梁工程三个标段的混凝土强度进行了抽检，其中标段 1、2 抽检了承台、墩身的混凝土强度，标段 3 抽检了承台、墩身、桥面板的混凝土强度。根据这些样本的统计数据，进行了强度质量的控制验收，具体结果见表 4-32 和表 4-33。

基于现场检测混凝土立方体强度(28d标准养护)的质量分析　　表4-32

内　容	标段 1		标段 2		标段 3	
	承台	墩身	承台	墩身	承台	墩身
标准值(MPa)	45	50	45	50	45	50
样本数量	42	39	18	21	9	12
均值(MPa)	59.7	66.4	60.0	64.8	52.7	61.4
标准差(MPa)	1.6	3.9	4.6	4.5	1.4	3.5
最小值(MPa)	56.0	55.4	52.6	58.1	50.4	57.6
均值准则	合格	合格	合格	合格	合格	合格
最小值准则	合格	合格	合格	合格	合格	合格

基于现场检测混凝土立方体强度(28d标准养护)的质量分析(标段3桥面板)　　表4-33

内　容	批　次							
	1	2	3	4	5	6	7	8
标准值(MPa)	60	60	60	60	60	60	60	60
样本数量	42	36	42	12	94	48	60	30
均值(MPa)	80.6	73.6	72.4	74.6	78.3	79.4	71.9	73.3
标准差(MPa)	3.8	3.8	4.0	3.0	4.9	4.8	3.2	4.1
最小值(MPa)	70.3	68.4	65.7	69.0	65.7	67.5	64.4	66.8
均值准则	合格	合格	合格	合格	合格	合格	合格	合格
最小值准则	合格	合格	合格	合格	合格	合格	合格	合格

3.混凝土强度评估基本结论

对沉管隧道混凝土的强度检测数据进行了全程跟踪、分析,从分析结果可以看出,沉管隧道某节段的10个管节各个批次的混凝土强度均通过了质量控制验收标准,且有比较大的强度裕度,符合要求。对桥梁工程标段1、2、3的混凝土强度检测数据分析可以看出,这三个标段的承台、墩身的混凝土强度,以及标段3桥面板的混凝土强度均通过了质量控制验收标准,且有比较大的强度裕度,符合要求。

4.4.2　混凝土氯离子扩散系数

《港珠澳大桥混凝土耐久性质量控制技术规程》[22]对现场结构混凝土的28d氯离子扩散系数有如下规定:当验收批内混凝土试件组数 $n \geqslant 5$ 时,混凝土氯离子扩散系数合格评定的统计数据应能同时满足下列两条:

$$D_n + D_u \leqslant D_{nssm,k} \tag{4-37}$$

$$D_{n,\max} \leqslant D_{nssm,k} + c\sigma_0 \tag{4-38}$$

式中：$D_{\text{nssm},k}$——耐久性设计要求具体构件的混凝土氯离子扩散系数（$10^{-12}\text{m}^2/\text{s}$）；

$\quad\quad D_n$——n 组混凝土氯离子扩散系数的平均值（$10^{-12}\text{m}^2/\text{s}$）；

$\quad\quad c$——系数，当 $n=5\sim9$ 时，$c=0.7$；$n=10\sim19$ 时，$c=0.9$；$n\geq20$ 时，$c=1$；

$\quad\quad D_{n,\max}$——n 组混凝土氯离子扩散系数中的最大值（$10^{-12}\text{m}^2/\text{s}$）；

$\quad\quad \sigma_0$——施工中实际统计的氯离子扩散系数标准差的平均水平（$10^{-12}\text{m}^2/\text{s}$）；

$\quad\quad D_u$——n 组混凝土氯离子扩散系数的标准差（$10^{-12}\text{m}^2/\text{s}$），可按下式计算：

$$D_u = \sqrt{\frac{\sum_{i=1}^{n} D_{\text{nssm},k}^2 - nD_n^2}{n-1}} \tag{4-39}$$

与 4.4.1 节混凝土强度控制标准的对比可以发现，氯离子扩散系数的质量控制标准类比了强度的控制标准，但与混凝土强度的质量控制相比，氯离子扩散系数的质量控制在以下两个方面有所不同：

（1）混凝土强度的特征值具有 95% 的保证率，而耐久性设计给出的氯离子扩散系数特征值是其均值。

（2）混凝土强度的质量相对比较容易控制，离散性不大，而氯离子扩散系数受测试方法影响，离散性较大。

鉴于此，本书在 4.2.3 节给出了基于"设计-施工一致安全性"的氯离子渗透系数控制标准，见式（4-31）、式（4-32）和表 4-3。与式（4-37）和式（4-38）的验收标准比较发现，"设计-施工一致安全性"控制标准，在样本数量很少时更加严格，在样本数量较多时比宽松。出于研究目的，以下分别利用 4.2.3 节的"设计-施工一致安全性"准则和《港珠澳大桥混凝土耐久性质量控制技术规程》（以下简称《控制规程》）准则对收集到的氯离子扩散系数测试值（RCM 法）进行对比。

1. 沉管混凝土

对沉管隧道某预制节段的前 10 个管节的混凝土氯离子扩散系数进行了质量分析。其中：1、2 管节检测了 10 组样本，3~10 管节检测了 16 组样本。根据这些样本的统计数据，利用上述两套控制标准分别对混凝土的氯离子扩散系数进行评定，具体结果见表 4-34 和表 4-35。

基于《控制规程》的氯离子扩散系数的质量分析（沉管/28d）　　表 4-34

内　　容	管　节									
	1	2	3	4	5	6	7	8	9	10
标准值（$10^{-12}\text{m}^2/\text{s}$）	6.0	6.0	6.0	6.0	6.0	6.0	6.0	6.0	6.0	6.0
样本数量	10	10	16	16	16	16	16	16	16	16
均值（$10^{-12}\text{m}^2/\text{s}$）	4.67	4.70	4.36	4.32	4.61	4.64	5.05	4.90	4.84	4.95
标准差（$10^{-12}\text{m}^2/\text{s}$）	0.88	0.60	0.40	0.39	0.24	0.39	0.20	0.24	0.34	0.41

续上表

内 容	管 节									
	1	2	3	4	5	6	7	8	9	10
最大值(10^{-12}m²/s)	6.10	5.60	5.10	5.30	5.00	5.40	5.40	5.30	5.40	5.60
均值准则	合格	合格	合格	合格	合格	合格	合格	合格	合格	合格
最大值准则	合格	合格	合格	合格	合格	合格	合格	合格	合格	合格

基于"设计-施工一致安全性"准则的氯离子扩散系数的质量分析（沉管/28d）　　表4-35

内 容	管 节									
	1	2	3	4	5	6	7	8	9	10
对数标准值	1.79	1.79	1.79	1.79	1.79	1.79	1.79	1.79	1.79	1.79
样本数量	10	10	16	16	16	16	16	16	16	16
对数均值	1.53	1.54	1.47	1.46	1.53	1.53	1.62	1.59	1.58	1.60
对数标准差	0.18	0.13	0.09	0.09	0.05	0.08	0.04	0.05	0.07	0.08
对数最大值	1.81	1.72	1.63	1.67	1.61	1.69	1.69	1.67	1.69	1.72
k_2	1.26	1.26	1.10	1.10	1.10	1.10	1.10	1.10	1.10	1.10
A	0.43	0.43	0.47	0.47	0.47	0.47	0.47	0.47	0.47	0.47
均值准则	合格	合格	合格	合格	合格	合格	合格	合格	合格	合格
最大值准则	合格	合格	合格	合格	合格	合格	合格	合格	合格	合格

2.桥梁段混凝土

对桥梁3个标段的混凝土氯离子扩散系数进行了抽检，其中标段1、2抽检了承台、墩身混凝土的氯离子扩散系数，标段3不区分承台、墩身，抽检了部分混凝土的氯离子扩散系数。利用上述两套控制标准分别对混凝土的氯离子扩散系数进行评定，具体结果见表4-36和表4-37。

基于《控制规程》的氯离子扩散系数的质量分析（桥标/28d）　　表4-36

内 容	标 段 1		标 段 2		标 段 3
	承台	墩身	承台	墩身	未区分部位
标准值(10^{-12}m²/s)	6.0	6.0	6.0	6.0	6.0
样本数量	31	29	3	9	18
均值(10^{-12}m²/s)	4.32	3.96	6.43	4.67	4.92
标准差(10^{-12}m²/s)	0.43	0.45	0.65	0.78	0.93
最大值(10^{-12}m²/s)	5.20	5.70	7.10	6.00	6.50
均值准则	合格	合格	合格	合格	合格
最大值准则	合格	合格	有偏差	合格	合格

基于"设计-施工一致安全性"准则的氯离子扩散系数的质量分析（桥标/28d） 表4-37

内 容	标 段 1		标 段 2		标 段 3
	承台	墩身	承台	墩身	未区分部位
对数标准值	1.79	1.79	1.79	1.79	1.79
样本数量	31	29	3	9	18
对数均值	1.46	1.37	1.86	1.53	1.58
对数标准差	0.10	0.10	0.10	0.16	0.20
对数最大值	1.65	1.74	1.96	1.79	1.87
k_2	1.05	1.05	2.60	1.30	1.07
A	0.49	0.49	0.32	0.42	0.48
均值准则	合格	合格	有偏差	合格	合格
最大值准则	合格	合格	合格	合格	合格

3. 混凝土氯离子扩散系数评估基本结论

对沉管隧道混凝土的氯离子扩散系数检测数据进行了全程跟踪、分析，从分析结果可以看出，沉管隧道某预制节段10个管节各个批次的混凝土氯离子扩散系数均通过了质量控制验收标准，符合要求。对桥梁工程3个标段的混凝土氯离子扩散系数检测数据的抽检分析可以看出，绝大部分桥梁工程的承台混凝土氯离子扩散系数符合验收标准，局部标段承台混凝土氯离子扩散系数在现有抽检样本数据条件下与质量要求有偏差，后续可增加标段2承台混凝土氯离子扩散系数的样本数量，再次检验。

4.4.3 沉管实体模型

1. 混凝土基本性能

混凝土基本性能分析主要指现场留样标准养护试块和同条件养护试块的力学性能试验结果。基本力学性能测试包括了对S1/S2节段新拌混凝土性能测试（坍落度、1h坍落度损失、含气量、密度、初凝时间）及硬化混凝土性能测试（抗压强度、劈裂抗拉强度、弹性模量和压力渗水）。S1节段和S2节段的施工配合比有所差别（S1节段的水胶比0.34，S2节段的水胶比0.35/0.36），且与最终的沉管隧道施工配合比也不完全相同。因此这里对基本性能的分析重点放在不同配合比的比对方面。

从新拌混凝土性能来看，S1/S2节段混凝土的实验室试验结果和现场试验结果有一定差别，主要体现在坍落度、坍落度损失、初凝时间和含气量，但这些指标均在新拌混凝土的指标正常范围内。比较S1节段和S2节段（现场新拌指标）可以发现，混凝土拌和物水胶比的不同对新拌混凝土各项性能的影响较大，S2的坍落度明显加大，含气量有所增加，初凝时间有所缩短。从实际浇筑效果来看，S2节段采用泵送工艺施工，节段的表观质量较好。

从硬化混凝土的性能来看,S1/S2 混凝土强度标准要求均为 C45 等级。S1 的 28d 强度达到了 65.7MPa(实验室)和 57.7MPa(现场同条件),S2 节段混凝土的 28d 强度达到了 58.1MPa(实验室)和 57.4MPa(现场同条件),均高于强度的基本要求。同时对 S1/S2 节段混凝土的劈裂抗拉强度测试结果表明,S1 节段的混凝土劈裂抗拉强度为 2.91MPa(3d)、3.76MPa(7d),S2 节段混凝土的劈裂抗拉强度为 2.95MPa(3d)、3.52(7d),表明两个节段的混凝土在抗拉强度的发展上处于相同水平。考虑到 S2 节段配合比(HP-0003/HP-0005)的胶凝材料总量较低,对于沉管隧道后期的温度裂缝控制有利。

2. 氯离子扩散系数

对硬化后的沉管节段 S1/S2 进行了氯离子扩散系数的测试(标准养护、现场取芯)和表面透气性(Torrent 方法)测试,鉴于透气性测试结果的离散性,这里仅分析 S1/S2 节段的氯离子扩散系数测试结果。

S1 节段的标准养护试块的氯离子扩散系数结果在表 4-21 中,测试了标准养护条件下 S1 节段(28d/56d)的测试结果。根据《港珠澳大桥混凝土耐久性质量控制技术规程》对标准养护条件下氯离子扩散系数的质量判断见表 4-38,使用基于"设计-施工一致安全性"控制标准的质量判断见表 4-39。S2 节段的氯离子扩散系数样本数量仅为 5 组,不足以按照统计规律进行质量判断,故只给出 S1 节段的质量判断。从表 4-38、表 4-39 可以看出,沉管隧道 S1 节段的氯离子扩散系数均处于质量合格的状态。

基于《控制规程》的氯离子扩散系数(28d 标准养护)的质量分析　　表 4-38

标准值 (10^{-12} m²/s)	样本数量	样本均值 (10^{-12} m²/s)	样本标准差 (10^{-12} m²/s)	样本最大值 (10^{-12} m²/s)	均值准则	最大值准则
6.0	24	3.65	0.58	5.0	合格	合格

基于"设计-施工一致安全性"准则的氯离子扩散系数(28d 标准养护)的质量分析　　表 4-39

对数标准值	样本数量	对数均值	对数标准差	对数最大值	k_2	A	均值准则	最大值准则
1.79	24	1.28	0.16	1.61	1.05	0.49	合格	合格

S1/S2 节段同时测试了现场取芯试块的氯离子扩散系数,见表 4-19 和表 4-20。由于测试结果数量有限,这里仅就测试结果及其平均值来进行讨论。在现场取芯测试中,以 S1 节段 28d 龄期为例,顶板、底板的扩散系数的差别较大。几个 28d 龄期扩散系数的平均值接近标准养护条件下(表 4-19)的均值,但是其离散性在整个沉管断面上明显增大,这和节段的具体浇筑过程以及硬化过程中混凝土经历的温度、湿度历程有密切关系。S1 节段 56d 龄期的氯离子扩散系数明显较 28d 龄期减小,且有限几个数值的平均值与 S1 节段 56d 标准养护试块的氯离子扩散系数的均值接近。值得注意的是,与现场取芯试验同时进行的通过现场取样进行的底板和顶板标准养护试验得到的氯离子扩散系数普遍比现场取芯试验以及实验室标准成型、养

护试块的氯离子扩散系数都偏大,原因可能是混凝土现场拌和与实验室拌和过程产生的差异,也可能是在现场新拌混凝土取样时具体操作过程造成的差异。

3. 保护层厚度分析

《港珠澳大桥混凝土耐久性质量控制技术规程》对构件保护层厚度检测的合格判定标准有如下规定:

(1)受检构件保护层厚度测点值中最小值低于设计值5mm或最大值高于设计值18mm时,检测结果判定为不合格。

(2)受检构件保护层厚度测点值中90%及以上测点数量不低于设计值时,检测结果判定为合格。

(3)受检构件保护层厚度测点值中不低于设计值的测点数量为80%~90%时,可再增加4根钢筋检测。当按两次抽样数量总和计算的测点值中90%及以上测点数量不低于设计值时,检测结果仍应判定为合格。

(4)当受检构件保护层厚度的检测结果不合格时,应判定检验批不合格。可对检验批构件全部检测,对保护层厚度检测结果不合格的构件,应确定补救措施。

根据上述标准对表4-18中的实测保护层厚度进行质量评价,见表4-40。

沉管隧道足尺模型保护层厚度质量判断(mm)　　　　表4-40

序号	取芯实测(0)	雷达钻芯波速法(1)	雷达CMP波速法(2)
1	96.1	94.3	93.0
2	90.2	91.1	93.5
3	94.3	97.2	99.8
4	92.1	95.5	99.3
5	94.8	97.6	100.6
6	95.0	94.1	100.2
7	95.5	92.3	95.0
8	97.1	93.8	101.3
9	98.3	92.4	99.4
10	98.4	99.6	97.3
11	92.7	93.5	89.7
12	94.2	93.2	97.3
13	97.9	95.0	97.6
14	98.0	98.2	99.0
平均值	95.3	94.9	97.4
设计值	93.0	93.0	93.0
最大正偏差	5.4	5.2	8.3
最大负偏差	2.8	1.9	3.3
合格率	100%	100%	100%

从上表的分析可以得到两方面的结论：

(1)节段真实保护层厚度(取芯实测)满足港珠澳大桥混凝土质量控制标准的要求，保护层厚度合格率达到100%。

(2)不同检测方法测得的保护层厚度因为和真实保护层厚度之间存在一定的偏差，可以导致不同的保护层厚度合格率。使用雷达钻芯波速法时，测量值和真实保护层厚度的误差较小，基于测量值的保护层厚度合格率仍然为100%，与真实值相同；而使用雷达CMP波速法的测试结果与真实保护层厚度偏差较大，但是基于测量值的合格率仍为100%。

4.沉管实体模型混凝土质量与保护层控制分析

综合S1/S2节段的混凝土基本性能、氯离子扩散系数以及保护层厚度的检测结果可以得出以下基本结论：

(1)S1/S2节段的混凝土拌和物的基本性能与拌和物水胶比有较大关系；S2节段采用的配合比的实际施工效果较好；S1/S2节段不同混凝土配合比的基本力学性质在同一水平上，均满足C45的强度要求，抗拉强度的发展水平较为一致。

(2)S1/S2节段的氯离子扩散系数在标准养护试块上的试验结果符合《港珠澳大桥混凝土耐久性质量控制技术规程》的相关要求，同时也符合"设计-施工一致安全性"原则的质量评定标准。现场取芯试验结果表明，真实混凝土的氯离子扩散系数与取芯位置有关，在整个沉管断面上显示出较大的离散性，其数值满足预设的氯离子扩散系数的质量验收标准。

(3)对于保护层厚度的检测结果表明，S1/S2节段保护层厚度(目标值90mm)的质量控制符合《港珠澳大桥混凝土耐久性质量控制技术规程》的规定，14个测点的合格率达到100%。研究同时表明，研究使用的雷达钻芯波速法和雷达CMP波速法对质量合格率没有误判，其中雷达钻芯波速法的相对误差较小。

4.4.4 基于现场数据评价的混凝土质量控制技术

1.现场混凝土质量影响因素分析

本节根据收集整理工地试验室的混凝土性能数据及原材料数据，建立混凝土原材料成分组成和硬化后混凝土性能的对应关系，并根据与原材料具体指标相关性的强弱对耐久性质量现场提供有针对性的控制措施。本节使用质量控制图及Pearson和Spearman相关性统计分析理论，分析室内标准养护条件下混凝土性能与各种原材料关键技术指标的量化相关性，从而实现对混凝土原材料和混凝土耐久性质量的动态控制。本次分析以室内标准养护28d氯离子扩散系数为例。

(1)质量指标统计分析方法

质量控制图(管理图)是以质量特征值为纵坐标，时间或取样顺序为横坐标，且标有中心线及上、下控制线,能够动态地反映结构性能变化的一种链条状图形。中心线为所考察数据的平均值,上、下控制线分别位于中心线两侧的 3σ 距离处。中心线及上、下控制线分别用 CL(Central Line)、UCL(Upper Control Line)、LCL(Lower Control Line)表示,如图 4-41 示。中心线两侧 2σ 距离处的控制线称为警戒线,分别用 U′CL 和 L′CL 表示。

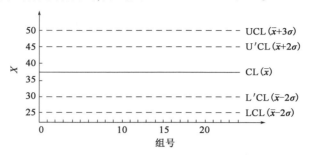

图 4-41 港珠澳大桥耐久性质量指标控制图

对于上面的质量指标控制图,本节使用统计学中的 Pearson 相关系数和 Spearman 相关系数进行质量控制指标和基本影响因素之间的相关性研究。Pearson 相关系数[26],通常用 ρ_{XY} 表示,用来度量两个随机变量 X 和 Y 之间的线性相关程度,可由式(4-40)计算:

$$\rho_{XY} = \frac{E(XY) - E(X)E(Y)}{\sqrt{E(X^2) - E^2(X)}\sqrt{E(Y^2) - E^2(Y)}} \tag{4-40}$$

相关系数取值范围在[-1,+1]之间,不同的系数取值对应了质量控制指标和影响因素之间的相关关系的强弱,见表 4-41。

Pearson 相关系数取值对应的相关性强弱　　　　　　　　　　表 4-41

相 关 性	负 值	正 值
不相关	-0.1 ~ 0.0	0.0 ~ 0.1
低相关	-0.3 ~ -0.1	0.1 ~ 0.3
中等相关	-0.5 ~ -0.3	0.3 ~ 0.5
显著相关	-1.0 ~ -0.5	0.5 ~ 1.0

Spearman 相关系数是一个能够描述两个随机变量之间非线性相关关系的统计参数,由 Spearman 在 1904 年提出[27]。两个变量 X 和 Y 的 Spearman 相关系数 ρ_s 可由式(4-41)计算:

$$\rho_s = 1 - \frac{6\sum d_i^2}{n(n^2 - 1)} \tag{4-41}$$

式中:n——X、Y 变量的数据样本数量;

　　d_i——X、Y 第 i 个数据样本排序之差。

Spearman 相关系数区间也在[-1,1]之间,Spearman 相关系数的正值对应 X、Y 之间单调增加的变化趋势,负值对应 X、Y 之间单调减小的变化趋势。Spearman 相关系数作为变量之间单调联系强弱的度量,是对 Pearson 线性相关系数的补充。

(2)耐久性质量指标控制分析

本节将标准养护条件下 28d 龄期的氯离子扩散系数作为港珠澳大桥结构混凝土耐久性质量控制的指标,分析各种影响因素与实验室测试值之间的相关性。选用的氯离子扩散系数为港珠澳大桥沉管隧道某预制段 1~8 节段 28d 氯离子扩散系数,原材料的技术指标共 32 个,包括:

①水泥:密度(g/cm^3)、比表面积(m^2/kg)、标准稠度用水量(%)、初凝时间(min)、终凝时间(min)、安定性(mm)、3d 抗压强度(MPa)、28d 抗压强度(MPa)、3d 抗折强度(MPa)、28d 抗折强度(MPa)等检测结果。

②粉煤灰:细度(%)、烧失量(%)、三氧化硫含量(%)、需水量比(%)、含水率(%)、氧化钙含量(%)等检测结果。

③矿粉:比表面积(m^2/kg)、密度(g/cm^3)、含水率(%)、流动度比(%)、烧失量(%)、三氧化硫含量(%)、7d 活性指数(%)、28d 活性指数(%)等检测结果。

④细集料:表观密度(kg/m^3)、堆积密度(kg/m^3)、紧密堆积密度(kg/m^3)、空隙率(%)、含泥量(按质量计)(%)、吸水率(%)、泥块含量(按质量计)(%)、氯化物含量(以氯离子质量计)(%)等检测结果。

根据 1~8 管节氯离子扩散系数检测数据,画出横坐标为节段编号,纵坐标为氯离子扩散系数单值的控制图,如图 4-42 所示。从图 4-42 可以看出,管节 7(红色区域标识)所有节段的氯离子扩散系数都高于 1~8 管节的平均值。由此认为该管节的氯离子扩散系数检测数据出现异常,应对管节 7 所用原材料进行分析。

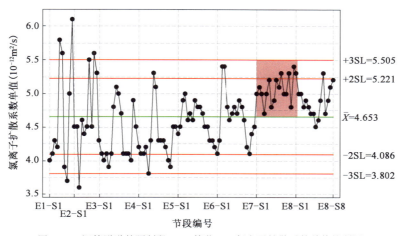

图 4-42 沉管隧道某预制段 1~8 管节 28d 氯离子扩散系数单值控制图

根据 1~8 管节氯离子扩散系数以及所使用的原材料的检测数据,使用 Pearson 和 Spearman 统计原理,计算氯离子扩散系数与原材料(水泥、粉煤灰、矿粉以及细集料)技术指标的相关系数。

氯离子扩散系数与水泥主要性能指标的相关关系见表 4-42 和图 4-43。

氯离子扩散系数(28d)与水泥主要性能指标的相关系数   表 4-42

水泥性能指标	Pearson 相关系数	Spearman 相关系数
密度(kg/m³)	0.000 00	0.000 00
比表面积(m²/kg)	0.171 87	0.151 93
标准稠度用水量(%)	−0.082 00	−0.100 57
初凝时间(min)	−0.213 10	−0.206 07
终凝时间(min)	−0.226 06	−0.216 44
安定性(mm)	−0.610 24	−0.588 29
3d 抗压强度(MPa)	−0.395 45	−0.382 69
28d 抗压强度(MPa)	−0.203 73	−0.189 09
3d 抗折强度(MPa)	−0.657 60	−0.641 42
28d 抗折强度(MPa)	−0.655 93	−0.640 25

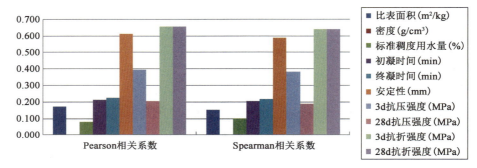

图 4-43 氯离子扩散系数(28d)与水泥主要性能指标相关系数绝对值

从表 4-42 和图 4-43 可以看出，28d 氯离子扩散系数与水泥的初凝时间、终凝时间、安定性、3d 抗压强度、28d 抗压强度、3d 抗折强度、28d 抗折强度等技术指标都存在相关性。其中扩散系数与水泥的初凝时间和终凝时间存在负相关性，而这两个指标与新拌混凝土的和易性有直接关系。扩散系数与水泥的安定性也存在负相关性，即安定性值越大，扩散系数越小。这个指标是水泥质量的主要指标，安定性不好会使混凝土产生膨胀性裂缝。扩散系数与水泥的力学性能存在很强的负相关性，表明力学性能越好，扩散系数值越小。水泥与氯离子扩散系数相关性强的指标中没有原材料性质指标，即在目前的数据中没有发现水泥原材料性质(密度、比表面积)与氯离子扩散系数的相关关系。

氯离子扩散系数和粉煤灰主要性能指标的相关关系见表 4-43 和图 4-44。

氯离子扩散系数(28d)与粉煤灰主要性能指标的相关系数   表 4-43

粉煤灰性能指标	Pearson 相关系数	Spearman 相关系数
细度(%)	0.340 07	0.335 46
烧失量(%)	−0.033 38	−0.016 80
三氧化硫含量(%)	0.276 59	0.289 91

续上表

粉煤灰性能指标	Pearson 相关系数	Spearman 相关系数
需水量比(%)	0.066 06	0.079 44
含水率(%)	0.088 38	0.094 17
氧化钙含量(%)	0.000 00	0.000 00

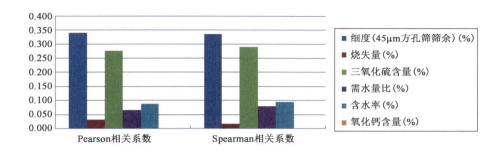

图 4-44　氯离子扩散系数(28d)与粉煤灰主要性能指标相关系数绝对值

从表 4-43 和图 4-44 可以看出,28d 氯离子扩散系数与粉煤灰的细度、三氧化硫含量等技术指标存在相关性。其中与粉煤灰的细度存在正相关性,细度值越大,扩散系数越大;与粉煤灰的三氧化硫含量存在正相关性,其含量越大,扩散系数越大。粉煤灰影响氯离子扩散系数的指标(细度、三氧化硫含量)均为原材料性质指标。

氯离子扩散系数和矿粉主要性能指标的相关关系见表 4-44 和图 4-45。

氯离子扩散系数(28d)与矿粉主要性能指标的相关系数　　表 4-44

矿粉性能指标	Pearson 相关系数	Spearman 相关系数
比表面积(m^2/kg)	-0.002 58	-0.043 65
密度(g/cm^3)	0.000 00	0.000 00
含水率(%)	0.037 88	0.042 92
流动度比(%)	-0.066 43	-0.093 63
烧失量(%)	0.500 54	0.486 41
三氧化硫含量(%)	0.247 18	0.254 02
7d 活性指数(%)	-0.418 66	-0.403 39
28d 活性指数(%)	-0.047 85	-0.064 73

从表 4-44 和图 4-45 可以看出,28d 氯离子扩散系数与矿粉的烧失量、三氧化硫含量、7d 活性指数等技术指标存在相关性。其中扩散系数与矿粉的烧失量存在正相关性,烧失量越大,扩散系数越大;扩散系数与矿粉的三氧化硫含量存在正相关性,其含量越大,扩散系数越大;扩散系数与矿粉的 7d 活性指数存在负相关性,其活性指数越大,扩散系数越小。矿粉与氯离子扩散系数相关的指标(烧失量、7d/28d 活性指数)均为原材料性质指标。

氯离子扩散系数和细集料主要性能指标的相关关系见表 4-45 和图 4-46。

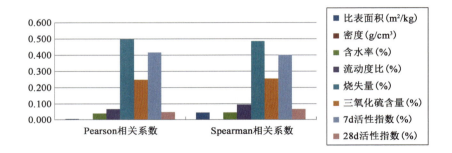

图 4-45　氯离子扩散系数(28d)与矿粉主要性能指标相关系数绝对值

氯离子扩散系数(28d)与细集料主要性能指标的相关系数　　　　表 4-45

细集料性能指标	Pearson 相关系数	Spearman 相关系数
表观密度(kg/m³)	-0.138 98	-0.113 70
堆积密度(kg/m³)	-0.162 92	-0.158 30
紧密堆积密度(kg/m³)	0.000 00	0.000 00
空隙率(%)	-0.058 41	-0.064 90
含泥量(按质量计)(%)	0.323 62	0.330 67
吸水率(%)	0.000 00	0.000 00
泥块含量(按质量计)(%)	0.451 48	0.382 06
氯化物含量(以氯离子质量计)(%)	0.000 00	0.000 00

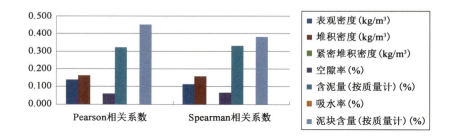

图 4-46　氯离子扩散系数(28d)与细集料主要性能指标相关系数绝对值

从表 4-45 和图 4-46 可以看出，28d 氯离子扩散系数与细集料的含泥量(按质量计)、泥块含量(按质量计)等技术指标存在相关性。其中扩散系数与细集料的含泥量存在正相关性，含泥量越大，扩散系数越大；扩散系数与细集料的泥块含量存在正相关性，其含量越大，扩散系数越大。细集料与氯离子扩散系数相关指标(含泥量)为原材料性质指标。

2. 耐久性质量控制原则与流程

(1) 原则与流程

本节仅讨论以氯离子扩散系数为控制指标的港珠澳大桥结构混凝土耐久性质量控制问

题。在沉管隧道混凝土数据分析的基础上,氯离子扩散系数与混凝土原材料中的水泥、粉煤灰、矿粉以及细集料的基本性质与新拌性能之间显示了强弱不等的相关关系。这些相关关系是确定质量控制原则的基础。上述分析表明,港珠澳大桥沉管隧道混凝土对以下原材料基本性质与新拌材料性能表现出较强敏感性:

①水泥的安定性、3d/28d 抗折强度;

②粉煤灰的细度和三氧化硫含量;

③矿粉的烧失量、7d/28d 活性指数;

④细集料的含泥量。

质量控制原则为通过控制和调整上述原材料/新拌材料的性质来达到控制氯离子扩散系数的目的。在实际操作中,先进行氯离子扩散系数的质量判断,如果发现氯离子扩散系数质量异常,未达到相应的质量检验标准,则需要根据上述敏感影响因素进行混凝土原材料层次的质量排查,调取相应的原材料数据,比对分析后确定原材料调整策略,具体流程见图 4-47。

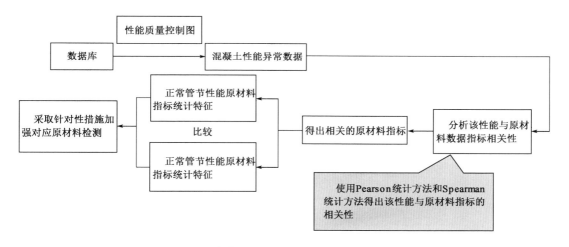

图 4-47　氯离子扩散系数(28d)耐久性质量控制流程

(2)混凝土质量控制过程

结合沉管隧道某预制段 1~8 节段氯离子扩散系数数据进行质量控制过程的演示。根据已经录入到数据库的 28d 氯离子扩散系数对其进行单值质量控制图分析,从控制图找出异常数据的构件[如沉管隧道,以单个管节(8 个节段)作为一个分析组]。对数据库内已有的 28d 扩散系数与原材料主要指标进行 Pearson 和 Spearman 相关性系数求解,找出影响扩散系数的关键性指标。对比扩散系数异常管节和扩散系数正常管节的原材料关键指标,分析其数据,找出上述管节所采用的原材料指标的差异,给出针对性检测措施,加强质量控制。

如图 4-48 所示,节段 4(蓝色区域标识)的氯离子扩散系数大部分都在控制图平均值以下,而节段 7(红色区域标识)所有的氯离子扩散系数都在平均值线以上,节段 4、7 的氯离子扩散系

数相差 $0.73\times10^{-12}\text{m}^2/\text{s}$,可以认为节段7的氯离子扩散系数出现异常波动。根据扩散系数与原材料相关性较强的指标,对节段4和节段7的原材料指标进行分析对比,并给出检测控制措施。表4-46汇总了节段4/7对氯离子扩散系数有显著相关性的混凝土原材料/新拌材料性质。

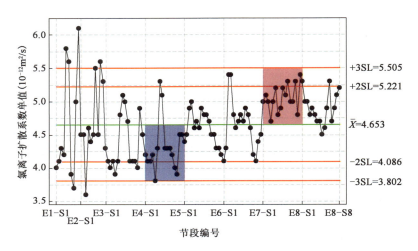

图4-48 沉管氯离子扩散系数(28d)节段4/7数据

节段4/7混凝土原材料/拌和物性质 表4-46

原材料	性质	节段4	节段7
水泥	初凝时间(min)	127.35	117.58
	终凝时间(min)	156.46	154.13
	安定性(mm)	1.10	0.53
	3d 抗压强度(MPa)	31.85	31.32
	28d 抗压强度(MPa)	55.27	54.23
	3d 抗折强度(MPa)	6.75	5.68
	28d 抗折强度(MPa)	9.70	8.18
粉煤灰	细度(%)	9.10	8.05
	三氧化硫含量(%)	0.66	0.77
矿粉	烧失量(%)	0.19	0.23
	三氧化硫含量(%)	0.08	0.20
	7d 活性指数(%)	82.97	79.21
细集料	含泥量(按质量计)(%)	0.42	0.54
	泥块含量(按质量计)(%)	0.04	0.17

通过上表比对节段4/7数据,可以发现:水泥的初凝时间、3d/28d抗折强度有明显差别,节段7水泥的初凝时间较短、抗折强度较低;粉煤灰的指标相近,节段7粉煤灰细度(筛余)较小、三氧化硫含量较高;矿粉指标中节段7的三氧化硫含量较高、活性指数较低;细集料指标中节段7的含泥量和泥块含量较高。根据上述数据分析,可形成如下质量控制策略:

①水泥：加强初凝时间、终凝时间、安定性的检测，保证水泥这三个指标的稳定性。其中水泥的凝结时间可能对混凝土的和易性有一定影响，在符合要求的情况，适当提高凝结时间，使混凝土充分密实。特别是水泥的力学指标，在符合要求的情况下，要求水泥厂家提高水泥力学性能。

②粉煤灰：加强细度、三氧化硫含量的检测，保证粉煤灰这两个指标的稳定性。粉煤灰细度的检测，需要注意的是粉煤灰的等级检测。三氧化硫的含量较高可能使混凝土膨胀，需加强控制。

③矿粉：加强烧失量、三氧化硫含量、7d活性指数的检测，保证矿粉这三个指标的稳定性。矿粉烧失量较高说明含有较高的有机物，影响混凝土的密实度，应控制在低水平范围内。三氧化硫的含量较高可能使混凝土膨胀，需加强控制，要防止矿粉7d活性指数的降低。

④细集料：加强含泥量、泥块含量的检测，保证细集料这两个指标的稳定性。含泥量和泥块含量都对混凝土的密实性有重要的影响，应加强检测，严格控制这两个指标的含量。

第5章 实体构件耐久性检测与评估

5.1 概 述

本章5.2节、5.3节讲述了对港珠澳大桥现场混凝土构件开展的无损检测,介绍了各种无损检测方法,对各种无损检测的检测结果进行了统计分析;使用电阻率和表面透气性相结合的方法评估了现场混凝土构件的耐久性质量,并探讨了使用无损检测方法进行质量判断的方法与准则。5.4节收集了港珠澳大桥施工图设计阶段各混凝土构件的施工方案,建立了用于港珠澳大桥混凝土结构耐久性评价的评估模型,模型考虑了现场混凝土检测数据、现场构件检测数据以及附加防腐蚀措施;使用全概率法对各混凝土构件的耐久性可靠水平进行了时变分析,作为结构全寿命周期维护设计与耐久性再设计的基本依据。

5.2 实体构件耐久性检测

5.2.1 保护层厚度

港珠澳大桥沉管隧道结构混凝土保护层厚度采用高频雷达检测,并使用CMP(Common Mid Point,共中心点)方法分析确定雷达波速[28]。根据已知的雷达波速和反射时间计算出保护层厚度,具有无损、便捷的优点。沉管隧道结构混凝土保护层厚度数据包括沉管隧道内墙主筋保护层厚度6 386组、外墙主筋保护层厚度6 571组。保护层厚度数据统计分析见表5-1、图5-1、图5-2。

沉管隧道结构混凝土保护层厚度数据统计分析　　　　表5-1

数 值	部 位	
	隧道内墙	隧道外墙
设计值(mm)	73	93
样本数量 N	6 386	6 571
均值(mm)	73.5	93.4
标准差(mm)	3.46	3.90
变异系数(%)	4.71	4.18
90%置信区间	[67.8,79.2]	[87.0,99.9]

第5章 实体构件耐久性检测与评估

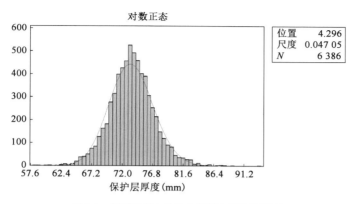

图 5-1 沉管隧道内墙结构混凝土保护层厚度

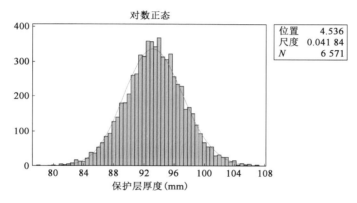

图 5-2 沉管隧道外墙结构混凝土保护层厚度

对于桥梁工程,收集了标段1、2、3现浇段各构件的保护层厚度数据,采用 NJJ-95B 型手持式雷达检测,其中包括承台保护层厚度290组,墩身保护层厚度990组,桥面板保护层厚度220组。桥标现浇段混凝土保护层厚度数据统计分析见表 5-2,部分数据的统计分析见图 5-3 ~ 图 5-5。

桥标现浇构件混凝土保护层厚度数据统计分析 表5-2

数值	部位								
	标段2 承台	标段1、3 承台	标段1 承台	标段3 墩身	标段3 墩身	标段1 墩身	标段1 墩身	标段2 墩身	标段3 桥面板
设计值(mm)	60	65	82	70	73	76	79	86	48
样本组数 N	20	200	70	76	501	60	333	20	220
均值(mm)	69.8	71.0	95.5	78.5	80.0	91.8	78.3	91.8	50.5
标准差(mm)	4.58	6.85	4.22	4.46	6.74	3.86	6.81	4.25	1.11
变异系数(%)	6.56	9.65	4.42	5.68	8.43	4.20	8.70	4.63	2.20
90%置信区间	[62.3, 77.3]	[59.7, 82.3]	[88.6, 102.4]	[71.2, 85.8]	[68.9, 91.1]	[85.5, 98.1]	[67.1, 89.5]	[84.8, 98.8]	[48.7, 52.3]

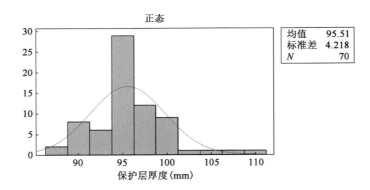

图 5-3　标段 1 现浇承台混凝土保护层厚度

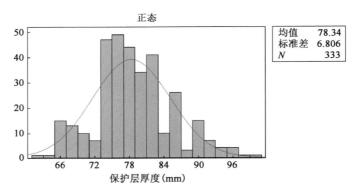

图 5-4　标段 1 现浇墩身混凝土保护层厚度

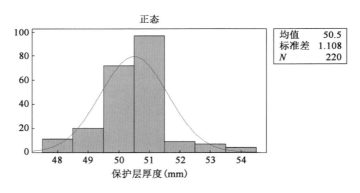

图 5-5　标段 3 现浇桥面板混凝土保护层厚度

由于未在足尺模型上使用 NJJ-95B 型手持式雷达检测保护层厚度,且未与实体结构取芯测得的保护层厚度进行对比,所以该方法测得的保护层厚度的可信度及精确度缺乏验证。此处只对 NJJ-95B 型手持式雷达测得的保护层厚度进行了初步的统计分析,不再进行具体的整体合格率和边界值满足与否的判断。

5.2.2 混凝土表面电阻率

1. 表面电阻率测试原理

港珠澳大桥沉管隧道结构混凝土电阻率采用 Wenner 方法测定,其基本原理如图 5-6 所示[29]。Wenner 装置通过在试块表面加电极(D1~D4),在两极间加交流电($AC = 250\mu A, f = 60Hz$)来测定混凝土的电阻率ρ。

电阻率测量的具体操作过程如下:将 4 根 Wenner 海绵探针用自来水润湿后,在混凝土测试区域上直线等距排列,间距 50mm,如图 5-6 所示。选定测试区域后,尽量将探针布置在中间位置,如图 5-7 所示。通过测两个外探针之间的电流 I 和两个内探针之间的电压 U 可以计算出混凝土的电阻率ρ,如式(5-1)所示:

$$\rho = \frac{kU}{I} \tag{5-1}$$

式中:ρ——Wenner 方法测得的混凝土电阻率($\Omega \cdot m$);

k——电池因子(m),取值为 $k = 2\pi a = 0.314m$,a 为探针间距($a = 0.05m$);

U——两个内探针之间的电压(V);

I——两个外探针之间的电流(A)。

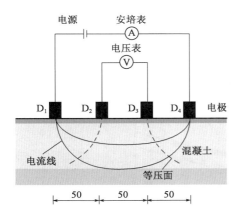

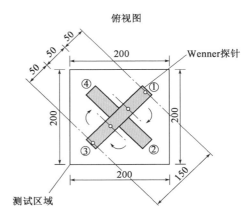

图 5-6 Wenner 方法基本原理示意图(尺寸单位:mm)　　图 5-7 Wenner 探针布置示意图(尺寸单位:mm)

Wenner 方法可用于室内试块测试,也可用于现场结构混凝土测试。文献研究表明 Wenner 方法测得的结果与 ALGOR 有限元模拟结果接近[29]。Wenner 方法操作简易迅捷,只需几分钟,仪器自动计算电阻率值并存储,且为现场无损测试方法。Wenner 方法试验结果受试块温度的影响,可以用 Arrhenius 方程来分析,如式(5-2)所示:

$$\rho = \rho_0 \exp\left(\frac{E}{RT}\right) \tag{5-2}$$

式中：ρ——电阻率($\Omega \cdot m$)；

T——绝对温度(K)；

ρ_0——某指定温度下的电阻率($\Omega \cdot m$)；

R——气体常数[kJ/(mol·K)]；

E——活化能(kJ/mol)。

该关系表明电阻率随着温度的升高而减小，并遵循：

$$\ln\rho = \ln\rho_0 + \frac{E}{RT} \tag{5-3}$$

可见电阻率的对数值与温度的倒数存在线性关系。相关文献通过室内及现场试验指出了这种电阻率随温度变化的规律，如图5-8、图5-9所示。

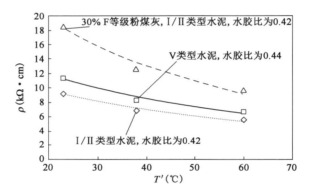

图5-8 电阻率随温度变化曲线[30]

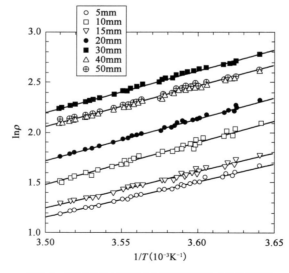

图5-9 表层以下不同深度电阻率随温度变化曲线[31]

图 5-8 是对水胶比为 0.42、0.44 的三种混凝土进行电阻率测试的试验结果，发现电阻率随试块温度升高而减小，当温度从 23℃ 升高到 60℃，电阻率值分别减小了 92%、71%、65%。对现场结构进行电阻率测试，得到了类似的结论，如图 5-9 所示。港珠澳大桥沉管实验室对水胶比 0.35 的试块在 10d、28d 及 56d 龄期时分别用浸泡于温水中的方法来测试电阻率随试块温度变化的规律，结果如图 5-10 所示。

从图中可以看出，沉管实验室测得的电阻率随温度变化规律基本符合 Arrhenius 方程，尤其当龄期为 28d 及 56d 时。但要注意，现场结构的电阻率测试与室内试块电阻率测试是不同的。有文献指出，由于现场结构可以视为半无限体，而室内试块是有限体，二者测出的电阻率数值不同，相差 k 倍，其中 k 是与试块尺寸相关的几何因子[29]，所以室内电阻率随温度变化的关系式未必适用于现场测试。另

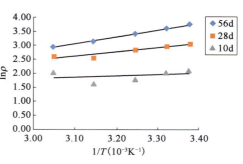

图 5-10　不同龄期电阻率随温度变化曲线

一方面，从现场某预制段的管节 7～10 测试情况来看，在龄期超过 7d 之后，现场结构混凝土温度变化不大，基本趋于稳定。所以在处理现有管节现场结构电阻率数据时，并未根据温度进行电阻率数值修正。混凝土电阻率测试结果还随着龄期增长显著增大，在下一节中将详细论述。

2. 表面电阻率检测结果

沉管隧道结构混凝土电阻率数据包括了 4 个管节龄期为 3d、7d、14d、21d、28d、56d 的电阻率测试值。电阻率数据统计分析见表 5-3，部分数据的统计分析见图 5-11～图 5-13。

沉管隧道结构混凝土电阻率数据统计分析　　表 5-3

数　据	龄　期					
	3d	7d	14d	21d	28d	56d
样本组数 N	50	50	50	100	336	100
均值（kΩ·cm）	4.94	14.72	27.54	36.11	48.89	65.29
标准差（kΩ·cm）	1.85	1.87	3.96	4.10	8.74	10.96
变异系数（%）	37.4	12.7	14.4	11.4	17.9	16.8
90% 置信区间	[1.89,7.99]	[11.6,17.8]	[21.0,34.0]	[29.3,42.8]	[34.4,63.3]	[47.2,83.3]

现场测试过程中，对每一个测试部位均测试 5～10 次，将这些数据取均值。沉管隧道结构混凝土电阻率平均值和标准差随龄期的变化规律见图 5-14。图 5-15 汇总了现场测得的所有电阻率数据，纵坐标包括了电阻率 ρ、龄期、温度 T 以及含水率 w；横坐标为数据编号，对应于某一龄期的某一结构测试部位。从图 5-15 可以看出，电阻率数值随着龄期增长而显著增大，龄期超过 7d 后，现场结构混凝土温度、含水率趋于稳定，变化不明显。

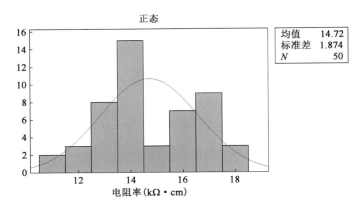

图 5-11　7d 沉管隧道结构混凝土电阻率

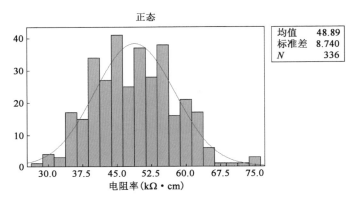

图 5-12　28d 沉管隧道结构混凝土电阻率

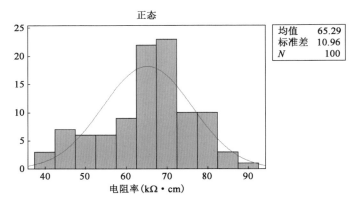

图 5-13　56d 沉管隧道结构混凝土电阻率

现场沉管节段混凝土在硬化过程中,材料的孔隙水逐步被胶凝材料的水化所消耗,同时胶凝材料水化生成的固相物质不断增多,在这一过程中混凝土表面的电阻率会随着龄期的发展不断增大。沉管隧道表面电阻率的测量表明了这一规律,从 3d 龄期的约 5kΩ·cm 到 56d 龄期的65kΩ·cm左右。同时注意到,混凝土表面电阻率反映的是混凝土表面附近,或者混凝土表层5~10mm厚度内的材料微观结构及其孔隙含水率,因此对混凝土表面的模板和抹面等操作工序较为敏感。从不同龄期的混凝土表面电阻率测量结果的标准差可以看出,随着电阻率本身的增大,其测量标准差也随之增大,在28d/56d龄期,其变异系数在15%~20%范围内。

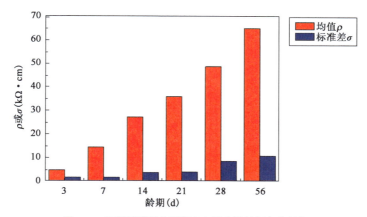

图5-14 沉管隧道结构混凝土电阻率随龄期变化规律

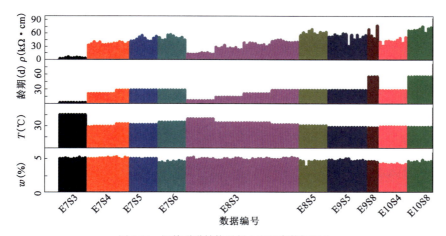

图5-15 沉管隧道结构混凝土电阻率数据汇总

表面电阻率测量简便,适合于在较大的表面上多点测量,因而在建立了可靠的质量验收准则的基础上,是理想的现场质量评价的支撑方法。具体使用测量得到的电阻率数据进行质量控制和评价的方法见本章第3节。

5.2.3 混凝土表面透气性

1. 表面透气性测试原理

港珠澳大桥沉管隧道结构混凝土透气性系数采用Torrent方法测定[32]。Torrent气体渗透仪方法采用无损方法测定混凝土表面透气性,可用于实验室和现场检测。Torrent测试方法从

1991年发明以来,有较多现场试验数据的积累,同时成为瑞士国家标准推荐的无损检测方法[33]。

Torrent 的试验原理如图 5-16 所示。装置通过真空作用产生从混凝土内通向真空腔内室的气流,称之为试验气流。恒压器使内、外室气压处于平衡状态,真空泵只作用于外室,将多余气体抽出,使得通向外室的气流在试验气流周围形成保护气流,起到保护作用。按时测量内室气压增量,据此可计算出相关的气体渗透系数,并直接显示在控制器面板上。

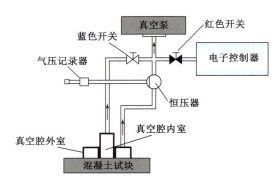

图 5-16 Torrent 气体渗透试验装置示意图

Torrent 气体渗透系数的计算公式如下:

$$k_{\mathrm{T}} = \left(\frac{V_{\mathrm{c}}}{A}\right)^2 \frac{\eta}{2\varphi p_{\mathrm{a}}} \frac{\left[\ln\left(\frac{p_{\mathrm{a}} + \Delta p}{p_{\mathrm{a}} - \Delta p}\right)\right]^2}{(\sqrt{t} - \sqrt{t_0})^2} \tag{5-4}$$

式中:k_{T}——混凝土材料的本征渗透系数(m^2);

V_{c}——内室体积(m^3);

A——内室横截面积(m^2);

φ——混凝土孔隙率,取为 0.015;

η——空气黏滞系数($\mathrm{Pa \cdot s}$),20℃时为 $2 \times 10^{-5} \mathrm{Pa \cdot s}$;

p_{a}——大气压(Pa);

Δp——内室气压增量(Pa);

t_0——测量开始时间,取为 60s;

t——测量持续时间,取为 660s。

Torrent 仪器组成见图 5-17,包括真空泵、主体部分和电子控制器。其中主体部分包括双室真空腔、恒压器、校准用磨光铁盘等,以及与真空泵、电子控制器连接的导管接线,试验时只需要操作蓝色与红色两个龙头,拨向水平方向是打开,竖直方向是关闭。电子控制器用于记录、计算和显示试验数据。

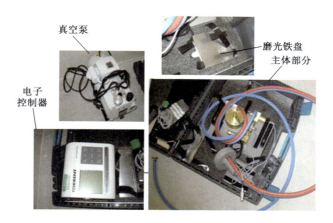

图 5-17 Torrent 气体渗透装置仪器组成

混凝土表面潮湿状况对其透气性系数有较大影响。有关文献拟合出了透气性系数与混凝土含水率之间的指数关系,由此以某个特定表面潮湿状况下混凝土的透气性系数为参照,可将各种潮湿状况下的混凝土透气性系数作对比,以比较混凝土的气体渗透性[34]。在更高相对湿度养护环境下进行养护的混凝土也呈现出更小的透气性系数[35]。有文献指出进行 Torrent 试验应当满足的潮湿条件包括[36]:含水率(Tramex 测得数据)不超过 5.5% 或 Wenner 方法测得电阻率不小于 10/20kΩ·cm(20℃)。对于掺加粉煤灰等矿物掺和料的混凝土,所取含水率或电阻率的限值可以低一些。

混凝土龄期对其透气性系数也有一定的影响,且影响方式与环境相对湿度有较大关系。当环境相对湿度较低时,混凝土在 1 年龄期内透气性系数会有较大增长;当环境相对湿度较高时,其透气性系数变化则不太明显,波动比较小[32]。文献[36]推荐在龄期为 28d~90d 内进行透气性试验。对于掺加粉煤灰等矿物掺和料的混凝土,由于火山灰反应进程较慢,所以试验试块龄期至少为 2 个月。该文献同时指出 Torrent 试验应当在 5℃ 以上的温度条件下进行,极端温度条件将对试验造成很大的影响。图 5-18 为沉管预制现场实验室对结构混凝土不同龄期的表面透气性测量结果。

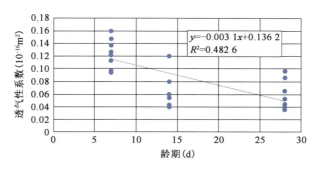

图 5-18 沉管隧道结构混凝土表面透气性系数与龄期关系(3d~28d)

2. 表面透气性检测数据

沉管隧道结构混凝土透气性数据包括龄期28d、56d的表面气体渗透型Torrent测试值,其统计分析见表5-4及图5-19、图5-20。

表5-4 沉管隧道结构混凝土透气性系数数据统计分析

参　　数	龄　　期	
	28d	56d
样本组数 N	56	14
均值($10^{-16}m^2$)	0.097	0.070
标准差($10^{-16}m^2$)	0.076	0.041
变异系数(%)	78	59
90%置信区间	[0,0.22]	[0.002,0.138]

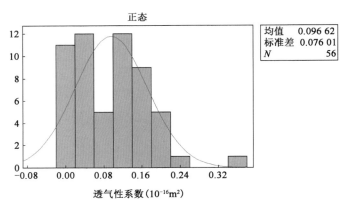

图5-19 沉管隧道结构混凝土28d透气性系数

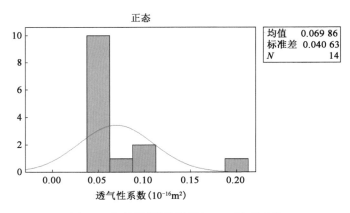

图5-20 沉管隧道结构混凝土56d透气性系数

各管节结构混凝土28d透气性系数测试平均值见图5-21。图5-22汇总了现场测得的所有透气性数据,纵坐标包括透气性系数k、龄期、温度T以及含水率w;横坐标E为数据编号,对应于某一龄期的某一结构测试部位。从图 5-22 可以看出,尽管各个结构部位的温度、表面含水率比较接近,但现场透气性系数仍呈现出相当大的离散性。

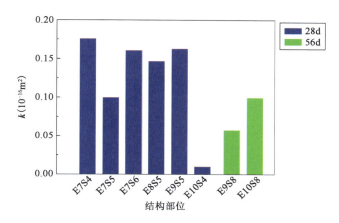

图 5-21　各管节结构混凝土 28d 透气性系数平均值

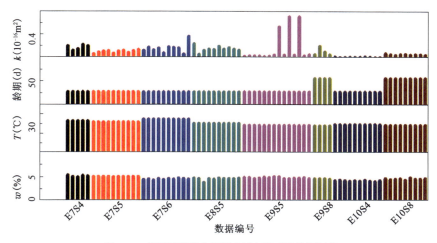

图 5-22　沉管隧道结构混凝土透气性系数数据汇总

与电阻率测量过程相同,混凝土表面透气性和混凝土本身的硬化程度以及混凝土材料(表层)孔隙的含水率有关系;同时,作为一种表面测量方法,其影响深度基本上在混凝土表层 5cm 以内,因此对混凝土表面处理工艺以及表层混凝土质量较为敏感。从混凝土材料的硬化过程来看,固相物质不断生成,孔隙不断减少以及孔隙内部的水分不断减少,总体上会导致混凝土表面的气体渗透系数不断降低。Torrent 测量结果表明,56d 的气体渗透系数比 28d 的气体渗透系数小,但处于同一个数量级上。两个龄期的气体渗透系数测量结果都表明,Torrent 渗透系数的测量离散性较大(变异系数接近 80%)。由于 Torrent 气体渗透系数便于对混凝土表面进行大量测量,在建立了合理的质量控制标准的前提下,可用来进行沉管隧道的质量评价,具体分析见本章第 3 节。

5.3 基于无损检测数据的构件耐久性质量分析

5.3.1 保护层检测结果分析

本节按照《港珠澳大桥混凝土耐久性质量控制技术规程》的验收准则对沉管隧道某预制段的 10 个管节进行保护层质量检验,对整体合格率和边界值进行了判断。表 5-5 和表 5-6 分别给出了管节 1 内墙和外墙的分析结果。从质量分析的结果来看,沉管隧道预制段的保护层整体合格率较高,但是边界值满足率较低。

管节 1 内墙保护层厚度数据分析　　　　表 5-5

内　容	批　次				
	1	2	3	4	5
标准值(mm)	73	73	73	73	73
样本数量	83	92	90	90	97
均值(mm)	74.9	72.8	73.5	75.1	74.2
标准差(mm)	3.0	3.9	3.6	3.6	2.0
变异系数(%)	4.0	5.4	4.9	4.8	2.7
最大值(mm)	82.8	84.0	81.4	83.8	79.2
最小值(mm)	68.1	65.1	66.1	66.4	69.7
90%置信区间	[70,79.8]	[66.4,79.2]	[67.6,79.4]	[69.2,81]	[70.9,77.5]

管节 1 外墙保护层厚度数据分析　　　　表 5-6

内　容	批　次				
	1	2	3	4	5
标准值(mm)	93	93	93	93	93
样本数量	85	94	80	86	102
均值(mm)	92.3	95.7	94.0	92.6	92.9
标准差(mm)	4.6	3.9	4.5	3.2	5.5
变异系数(%)	5.0	4.1	4.8	3.5	5.9
最大值(mm)	103.9	104.0	104.7	101.1	107.6
最小值(mm)	81.5	85.9	81.2	84.3	78.0
90%置信区间	[84.7,99.9]	[89.3,102.1]	[86.6,101.4]	[87.3,97.9]	[83.9,101.9]

基于以上数据分析,可以得出港珠澳大桥沉管隧道节段的保护层厚度的统计规律,不同设计厚度(73mm/93mm)对应的检测结果的统计分布见图 5-1 和图 5-2。归纳统计结果,表 5-7 建立了用于港珠澳大桥沉管隧道耐久性评估的保护层厚度的统计模型。

港珠澳大桥沉管隧道耐久性评估保护层厚度统计模型　　　　　表 5-7

部　位	分布模型	均值(mm)	标准差(mm)
隧道内墙	正态	73.5	3.46
隧道外墙	正态	93.4	3.90

5.3.2 表面透气性-电阻率质量分析

1. 表面透气性与电阻率

在沉管隧道硬化混凝土表面同时进行了电阻率测量(Wenner 法)和表层混凝土气体渗透系数的测量(Torrent 法)。两个指标均能够反映表层混凝土材料的致密程度,也均与表层混凝土材料的孔隙结构以及孔隙含水率有关。从检测结果来看,表层混凝土的硬化程度是主导两个参数的主要因素,比较不同龄期的电阻率测量结果(图 5-23)和不同龄期(28d、56d)的表面 Torrent 渗透系数(图 5-24、图 5-25)就可以看出,随着表层混凝土硬化龄期的延长,电阻率不断增大而渗透系数不断减小。但是,对于硬化程度相同的混凝土材料,材料孔隙含水率对电阻率和气体渗透系数的影响规律是:孔隙含水率越高,材料的电阻率越低,气体渗透系数也越小。

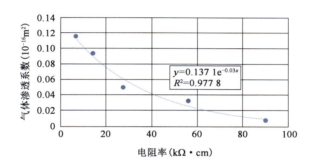

图 5-23　沉管隧道混凝土不同龄期 Torrent 透气性与电阻率关系

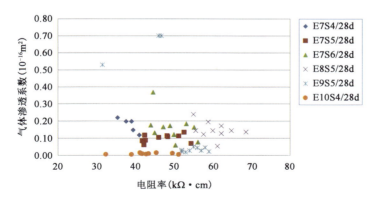

图 5-24　沉管隧道混凝土表面 Torrent 透气性与电阻率关系(28d)

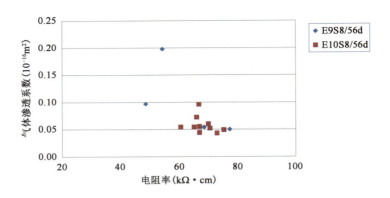

图 5-25 沉管隧道混凝土表面 Torrent 透气性与电阻率关系(56d)

2. 质量判断准则的研究

由于 Torrent 透气性和 Wenner 电阻率都对硬化混凝土表面的孔隙含水率敏感,对于一个硬化混凝土表面同时进行 Torrent 透气性和 Wenner 电阻率测量,使用透气性-电阻率双指标对混凝土表面进行致密性判断,就有可能排除由于局部混凝土含水率的不同造成的 Torrent 透气性/Wenner 电阻率单指标进行质量判断的局限性。课题在得到的沉管隧道表面的 Torrent 透气性和 Wenner 电阻率的基础上,进行了透气性-电阻率双参数质量判断准则的讨论。

从图 5-24 和图 5-25 中的数据分布规律来看,同一混凝土表面测试的透气性和电阻率在图上并没有出现明显的直线相关关系(电阻率越大、透气性越大),说明在同一表面混凝土在不同测点不能排除硬化程度不均匀的因素。如果从统计的角度来分析,将表面混凝土硬化程度不均匀、含水率不均匀以及现场测试温度的因素均考虑在内,将透气性 k_{TPT}、电阻率 ρ 各自的 90% 置信区间围成的区域定义为正常质量区间,那么,混凝土表面无损质量判定标准就可以简单表达为:如果测试结果落在 k_{TPT}-ρ 二维正常质量区间内则为合格,反之为不合格。当然图 5-26 表示的 28d/56d 参数判定规则需要大量的有效数据进行校准,进行验收时采用一个合适的验收合格率准则,如与保护层厚度进行相同的规定,需要 90% 的测点位于质量控制区间内。

从图 5-26 可以看出,56d 的质量控制区间明显收窄,可能和经历较长龄期后混凝土表面硬化程度和孔隙含水率趋于均一有关。实际上,对于一个矩形的质量合格控制区域(图 5-27),针对透气性-电阻率双参数可以进一步划分 4 个子区域:区域 B、C 属于正常质量区域,区域 D 的质量高于 B 和 C(比较 B、D:D 区域相当于在与 B 区域相同的透气性前提下进一步加大了材料的电阻率,表明材料整体更加致密),区域 A 的质量低于 B、C 区域(比较 A、B 域:A 区域相当于在与 B 区域相同电阻率的情况下透气性增大,表明材料对气体的连通孔隙增加,总体材料的致密程度降低)。因此,使用矩形 A、B、C、D 进行质量判断,实际上包括了两个正常质量区间和高质量、低质量区间各一个。

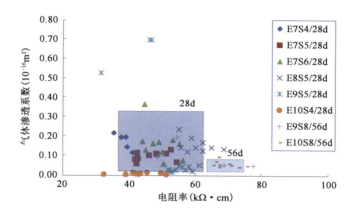

图 5-26 沉管隧道混凝土表面透气性-电阻率双参数质量判定准则

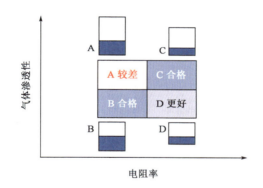

图 5-27 双参数混凝土表面无损检测矩形区域质量评价

(图中部分填充的方框表示 A、B、C、D 情况对应的孔隙结构,填充部分表示饱水部分,空白部分表示可以透气的部分)

5.3.3 电阻率-表面透气性-氯离子扩散系数相关性研究

根据收集到的表面无损检测数据可以初步分析其与标准养护条件下 RCM 测量的氯离子扩散系数的相关关系。具体分析如下:图 5-28 表示表面电阻率和 28d/56d 氯离子扩散系数的相关关系,图 5-29 表示表面气体渗透系数(平均值)和 28d/56d 氯离子扩散系数平均值的相关关系,图 5-30 表示 Torrent 透气性-电阻率参数对和 28d/56d 氯离子扩散系数的关系。

从图 5-28 可以看出,表面电阻率和 RCM 氯离子扩散系数之间存在较为明显的负相关关系,即氯离子扩散系数越大,表面电阻率越小,这符合混凝土致密性对两个参数的影响规律:越致密的混凝土表面电阻率越大,氯离子扩散系数就越小。从图 5-29 可以看出,氯离子扩散系数和表面气体渗透系数存在较为明显的正相关关系,即氯离子扩散系数越大,表面气体渗透系数也越大,这也符合混凝土材料致密性对两个参数的影响规律。

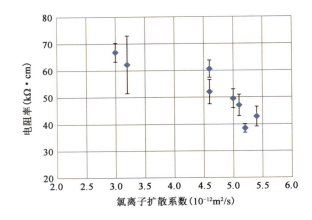

图 5-28　表面电阻率与 RCM 氯离子扩散系数的相关关系

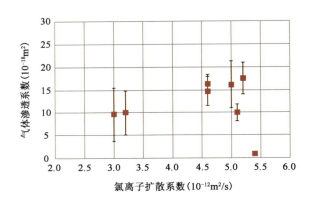

图 5-29　表面气体渗透系数与 RCM 氯离子扩散系数的相关关系

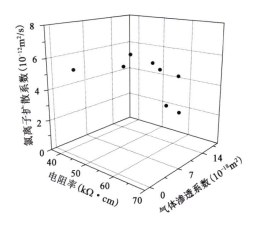

图 5-30　透气性-电阻率与 RCM 氯离子扩散系数的关系(三维)

图 5-30 汇总了现有的所有电阻率、氯离子扩散系数和表面气体渗透系数的数值,在三维坐标中显示了氯离子扩散系数与电阻率-表面透气性的关系:由于电阻率和表面透气性的测量均与混凝土表层的含水率有关,因此综合使用表面透气性-电阻率就有可能排除同一致密程度材料受到表面含水程度的干扰。图中显示出了氯离子扩散系数(在饱水条件下使用电迁移方法测量得到)与表面透气性-电阻率的相关关系,但是由于数据积累有限,尚不能形成用于质量检验的判断准则。

5.4 基于检测数据的混凝土结构耐久性评估

5.4.1 耐久性评估基本模型

1. 港珠澳大桥耐久性评估全概率模型

港珠澳大桥耐久性评估模型的基础是耐久性设计模型。针对海洋环境中氯离子侵入引起的钢筋锈蚀过程,采用工程中广泛使用的 Fick 定律来描述氯离子在混凝土中的侵入过程,耐久性极限状态为钢筋脱钝状态:

$$G = (C_{cr} - C_0) - (C_s - C_0)\left[1 - \mathrm{erf}\left(\frac{x_d}{2\sqrt{D_{Cl}t}}\right)\right] \geqslant 0 \tag{5-5}$$

式中:C_{cr}——钢筋锈蚀的临界氯离子浓度(%胶凝材料质量);

C_s、C_0——分别为混凝土表面氯离子浓度以及混凝土中氯离子的初始含量(%胶凝材料质量);

erf( )——数学误差函数;

x_d——钢筋的混凝土保护层厚度(m);

D_{Cl}——混凝土的氯离子扩散系数(m^2/s)。

通常氯离子扩散系数是时间的函数,采用如下表达:

$$D_{Cl}(t) = D_{Cl}^0\left(\frac{t_0}{t}\right)^n = D_{Cl}^0 \eta(t_0,t) \tag{5-6}$$

式中:n——混凝土氯离子扩散系数随时间的衰减指数;

D_{Cl}^0——在指定龄期(28d)混凝土的氯离子扩散系数(m^2/s)。

通常混凝土材料的氯离子扩散系数不会无限随时间进行指数衰减,在港珠澳大桥耐久性设计中将混凝土氯离子扩散系数随时间衰减周期定为 30 年,即在 30 年后混凝土的氯离子扩散系数不再衰减,则有:

$$\eta(t_0,t)\big|_{t>30\text{ years}} = \eta(t_0,t=30\text{ years}) \tag{5-7}$$

对于港珠澳大桥混凝土结构耐久性评估模型，其基本的模型参数是混凝土表面氯离子浓度 C_s，混凝土初始氯离子浓度 C_0，混凝土保护层厚度 x_d，钢筋锈蚀的临界氯离子浓度 C_{cr}，指定龄期混凝土氯离子扩散系数 D_{Cl}^0 和氯离子扩散系数的衰减指数 n。

2. 耐久性评估基本参数和统计特征

(1) 混凝土保护层厚度

港珠澳大桥混凝土结构的保护层厚度统计规律根据沉管隧道和桥梁节段保护层厚度的现场检测得出。其中沉管隧道预制节段的统计特征来源于实测数据；桥梁预制构件的保护层数据借鉴了沉管隧道预制段的数据；桥梁、沉管隧道现浇段统计特征来源于港珠澳大桥工程可行性研究阶段的调查数据统计，假设与初步设计参数分布相同。通过数据分析可以建立典型保护层厚度的统计分布特征，具体见表5-8。

港珠澳大桥混凝土结构保护层厚度统计模型（正态分布） 表5-8

混凝土结构	构件	平均值(mm)	标准差(mm)
桥梁	现浇构件	设计值(最小值+10)	5.3(前期统计)
桥梁	预制构件	设计值(最小值+5)	3.5(借鉴沉管)
沉管隧道	预制节段(内)	设计值(最小值+3)	3.5(实测)
沉管隧道	预制节段(外)	设计值(最小值+3)	3.9(实测)
沉管隧道	现浇节段	设计值(最小值+10)	5.3(前期统计)

(2) 表面氯离子浓度

港珠澳大桥混凝土表面氯离子浓度考虑了表面浓度随时间的变化，利用不同水胶比和胶凝材料体系的混凝土的长期暴露试验回归得到用于耐久性评估的统计规律。具体分析过程参见相关研究报告[37]的参数分析部分。同期开展的港珠澳大桥耐久性暴露试验站的数据将对得到的统计规律进行更新。

表面氯离子浓度系数 A' 值取对数正态分布：在浪溅区，直接采用2002年单掺粉煤灰的数据的分析结果；对于水下区和水变区，利用双掺体系1的数据对2002年粉煤灰混凝土结构进行贝叶斯更新；对于大气区，由于没有实测数据，直接采用规范值，见表5-9。

港珠澳大桥混凝土表面氯离子浓度系数的概率模型（对数正态分布） 表5-9

暴露区域	浪溅区	水变区	水下区	大气区
A' 的均值	16.47	11.57	13.65	5.99
A' 的标准差	2.47	1.77	2.04	0.90

(3) 混凝土初始氯离子浓度

《港珠澳大桥混凝土耐久性质量控制技术规程》[22]中规定混凝土最大氯离子含量：预应

力混凝土为 0.06%（%胶凝材料质量）、钢筋混凝土为 0.08%（%胶凝材料质量）。根据港珠澳大桥的原材料质量检验报告结果，对胶凝材料中的氯离子含量进行了统计分析，根据统计分析结果对初始氯离子含量取均匀分布，见表 5-10。

港珠澳大桥混凝土结构初始氯离子浓度统计模型（均匀分布）　　表 5-10

混凝土结构	分布类型	最小值（%胶凝材料质量）	最大值（%胶凝材料质量）
桥梁	均匀分布	0.02	0.04
沉管隧道	均匀分布	0.02	0.04

（4）钢筋锈蚀的临界氯离子浓度

港珠澳大桥混凝土结构临界氯离子浓度是通过不同水胶比、不同胶凝材料体系的混凝土构件在长期暴露试验基础上经过推算得到的，具体推算过程见相关研究报告[37]。用于耐久性评估的临界氯离子浓度统计模型在大气区为对数正态分布，在浪溅区/水变区/水下区为 Beta 分布，具体分布特征见表 5-11。

港珠澳大桥耐久性设计用临界氯离子浓度（%胶凝材料质量）**概率模型**　　表 5-11

暴露区域	分布特征	统计参数
大气区	对数正态	均值 0.85，标准差 0.13
浪溅区/水变区	Beta 分布	下届 $L=0.45$，上界 $U=1.25$，$\alpha=0.22$，$\beta=0.36$
水下区	Beta 分布	下届 $L=1.0$，上界 $U=3.5$，$\alpha=0.30$，$\beta=0.45$

（5）混凝土氯离子扩散系数

混凝土氯离子扩散系数在初步设计阶段作为设计参数，在耐久性评估阶段是评估参数之一。前期的研究主要集中在氯离子扩散系数的衰减指数方面，对于氯离子扩散系数采用了正态分布的统计规律。在现场试验数据（沉管隧道）的基础上，对混凝土的氯离子扩散系数（RCM 方法、28d 龄期）进行了较为全面的分析，因此在耐久性评估中采用这些数据作为氯离子扩散系数的统计规律的依据，见表 5-12。对于氯离子扩散系数的衰减指数，仍然采用相关研究报告[37]确定的统计规律，具体统计规律见表 5-13。

混凝土氯离子扩散系数（$10^{-12}\mathrm{m^2/s}$）**的统计模型**（正态分布）　　表 5-12

混凝土结构	构件	统计参数
桥梁	承台/C45	平均值=4.45，标准差=1.16（28d） 平均值=2.88，标准差=1.13（56d）
桥梁	桥墩/C50	平均值=4.10，标准差=1.15（28d） 平均值=2.86，标准差=1.21（56d）
桥梁	桥面板/C60	平均值=4.83，标准差=1.22（28d） 平均值=3.93，标准差=1.12（56d）
桥梁	箱梁/C55	平均值=3.81，标准差=1.04（28d） 平均值=2.80，标准差=1.04（56d）

续上表

混凝土结构	构 件	统 计 参 数
沉管	预制节段/C45	平均值=4.68,标准差=1.11(28d) 平均值=2.95,标准差=1.10(56d)
	现浇节段/C45	平均值=4.68,标准差=1.11(28d) 平均值=2.95,标准差=1.10(56d)

混凝土氯离子扩散系数衰减指数的统计模型(正态分布)　　表5-13

统 计 参 数		大气区	浪溅区	水变区	水下区
衰减指数	均值	0.66	0.471	0.456	0.438
	标准差	0.099	0.0286	0.0294	0.0294

5.4.2 施工图设计阶段耐久性措施

施工图设计阶段,设计单位在耐久性初步设计的基础上,针对各混凝土结构和构件进行了结构混凝土耐久性设计,针对构件暴露部位的耐久性进行了附加措施的设计。本节依据的港珠澳大桥施工图设计阶段的资料包括《港珠澳大桥主体工程桥梁某标段1——施工图设计》《港珠澳大桥主体工程桥梁某标段2——施工图设计》以及《港珠澳大桥主体工程岛隧工程——施工图设计》;依据的详细设计阶段的技术资料包括《总体结构设计说明书》《九洲航道桥下部结构设计说明》《非通航孔桥下部结构设计说明》《连接桥下部结构设计说明》《江海直达船航道桥设计说明》《青州航道桥结构耐久性设计说明》等。

1. 港珠澳大桥施工阶段耐久性实施方案

本节将施工图设计阶段的混凝土结构构件的耐久性措施整理成表格,分为桥梁部分(标段1、2)和隧道部分,见表5-14~表5-16。

2. 防腐蚀附加措施的模拟

(1)硅烷浸渍

在详细设计方案中,很多混凝土构件表面采用了硅烷浸渍的防腐蚀措施。硅烷浸渍可以封闭混凝土表面的开放孔隙,本身可以使混凝土表面达到憎水效果,宏观上可减缓氯离子在混凝土表面的聚集,延迟氯离子到达钢筋表面的时间,从而提高结构耐久性,延长氯离子环境下钢筋混凝土构件的使用寿命。但是硅烷浸渍是有机材料,其自身也会在暴露环境中随时间老化、分解,其有效作用期限一般认为在7~20年之间。在最近的与港珠澳大桥相似环境的暴露试验条件下进行的表面硅烷浸渍的氯离子隔离效果的研究发现,表面硅烷浸渍虽然能够大幅度降低外部氯离子的侵入,但并不能完全屏蔽外部氯离子向混凝土内部的迁移。

第5章 实体构件耐久性检测与评估

桥梁标段1混凝土结构构件耐久性施工图设计方案

表5-14

结构	构件	环境/部位	强度	保护层厚度(mm)	裂缝控制(mm)	RCM氯离子扩散系数(10^{-12} m²/s) 28d	RCM氯离子扩散系数(10^{-12} m²/s) 56d	维护设计 维护措施	维护设计 维护周期
江海直达船航道桥(钢塔斜拉桥)	预制墩身	外侧/大气区	C50	60	—	6.5	4.5	环氧涂层(外层钢筋/拉筋) 硅烷浸渍	未确定
		内侧/大气区	C50	50	—	6.5	4.5	—	—
	现浇承台	浪溅-水下区	C45	80	0.15	6.5	4.5	不锈钢钢筋(外层钢筋/拉筋) 硅烷浸渍	未确定
	钢管复合桩	水下区	C35	60	0.20	7.0	4.5	FBE涂层,阴极保护	阴极保护/60年
	上、中塔柱	外侧/大气区	C50	60	0.15	6.5	4.5	环氧涂层(外层钢筋/拉筋) 硅烷浸渍	未确定
		内侧/大气区	C50	50	0.15	6.5	4.5	—	—
	下塔柱	外侧/大气区	C50	60	0.15	6.5	4.5	不锈钢钢筋(外层钢筋/拉筋) 硅烷浸渍	未确定
		内侧/大气区	C50	50	0.15	6.5	4.5	—	—
	下横梁	大气区	C50	60	—	6.5	4.5	—	—
青州航道桥(混凝土塔斜拉桥)	预制墩身	外侧/大气区	C50	60	0.15	6.5	4.5	环氧涂层(外层钢筋/拉筋) 硅烷浸渍	未确定
		内侧/大气区	C50	50	—	6.5	4.5	—	—
	现浇承台	浪溅-水下区	C45	80	0.15	6.5	4.5	不锈钢钢筋(外层钢筋/拉筋) 硅烷浸渍	未确定
	钢管复合桩	水下区	C35	60	0.20	7.0	5.0	涂层(60年)+阴极保护(60年)	—

119

续上表

结构	构件	环境部位	强度	保护层厚度（mm）	裂缝控制（mm）	RCM氯离子扩散系数（10^{-12} m²/s） 28d	RCM氯离子扩散系数（10^{-12} m²/s） 56d	维护设计 维护措施	维护设计 维护周期
非通航孔桥	预制墩身（>+8.00m）	外侧/大气区	C50	60	0.15	5.5	4.0	环氧涂层（外层钢筋/拉筋）硅烷浸渍	未确定
		内侧/大气区	C50	50	0.15	5.5	4.0	—	—
	预制墩身（<+8.00m）	外侧/浪溅-水下区	C50	70	0.15	5.5	4.0	环氧涂层（双层外侧钢筋）硅烷浸渍	未确定
		内侧/大气区	C50	60	0.15	5.5	4.0	硅烷浸渍	未确定
	预制承台	外侧/水下区	C45	60	0.20	6.5	4.5	环氧涂层（双层外侧钢筋）硅烷浸渍	未确定
	钢管复合桩	水下区	C35	60	0.20	7.0	4.5	涂层（70年）+阴极保护（60年）	—
跨越崖16-1气田管线桥	上、中节段墩身	外侧/大气区	C50	50		5.5	4.0	环氧涂层（外层钢筋/拉筋）硅烷浸渍	未确定
	下节段墩身	外侧/浪溅-水下区	C50	70				—	—
		内侧/大气区	C50	60	0.20	5.5	4.0	环氧涂层（双层外侧钢筋）硅烷浸渍	未确定
	预制承台	外侧/水下区	C45	60		6.5	4.5	硅烷浸渍	—
	钢管复合桩	水下区	C35	60		7.0	4.5	涂层（60年）+阴极保护（60年）	—

第5章 实体构件耐久性检测与评估

桥梁标段 2 混凝土结构构件耐久性施工图设计方案

表 5-15

结构	构件	环境/部位	强度	保护层厚度(mm)	裂缝控制(mm)	NT Build 492 氯离子扩散系数($10^{-12} \text{m}^2/\text{s}$) 28d	56d	维护措施	维护周期
九洲航道桥（钢-混凝土组合梁斜拉桥）	预制桥面板	外侧/大气区	C60	45	0.15	6.0	4.0	环氧涂层钢筋	—
	现浇墩身(> +8.00m)	外侧/大气区	C50	70	0.15	6.5	4.5	硅烷浸渍	未确定
		内侧/大气区	C50	60	0.15	6.5	4.5	—	—
	现浇墩身(< +8.00m)	外侧/浪溅区	C50	70	0.15	6.5	4.5	不锈钢钢筋(外层) 硅烷浸渍	未确定
		内侧/浪溅-大气区	C50	60	0.15	6.5	4.5	—	—
	现浇塔身	浪溅区	C60	70	0.15	6.5	4.5	不锈钢钢筋(外层/拉筋) 硅烷浸渍	未确定
	现浇承台	浪溅区	C45	80	0.15	6.5	4.5	不锈钢钢筋(外层) 硅烷浸渍	未确定
	钻孔灌注桩(主墩)	水下区	C35	65	0.20	7.0	5.0	—	—
	钢管复合桩(边墩)	水下区	C35	65	0.20	7.0	5.0	涂层(60年) + 阴极保护(60年)	—
口岸连接桥（预应力混凝土连续箱梁）	预应力箱梁	外侧/大气区	C50	45	—	6.0	4.0	暂无	—
		内侧/大气区	C50	45	—	6.0	4.0	暂无	—
	现浇墩身(220-222)	外侧/浪溅区	C50	70	0.15	6.5	4.5	不锈钢钢筋(外层) 硅烷浸渍	未确定
		内侧/浪溅区	C50	60	0.15	6.5	4.5	—	—
	现浇墩身(226-224)	外侧/大气区	C50	70	0.15	6.5	4.5	硅烷浸渍	未确定

续上表

结构	构件	环境/部位	强度	保护层厚度(mm)	裂缝控制(mm)	NT Build 492 氯离子扩散系数(10^{-12} m²/s) 28d	NT Build 492 氯离子扩散系数(10^{-12} m²/s) 56d	维护设计 维护措施	维护设计 维护周期
口岸连接桥（预应力混凝土连续箱梁）	现浇承台	外侧/水下区	C45	65	0.20	7.0	5.0	硅烷浸渍（顶面）	未确定
	钢管复合桩	水下区	C35	60	0.20	7.0	5.0	涂层（60年）+阴极保护（60年）	—
	钻孔桩	水下区	C35	65	0.20	7.0	5.0	—	—
	预制桥面板	外侧/大气区	C60	45	0.15	6.0	4.0	环氧涂层钢筋	—
	预制墩身	外侧/大气区	C50	70	0.15	6.5	4.5	硅烷浸渍	未确定
	预制墩身(>+8.00m)	内侧/大气区	C50	60	0.15	6.5	4.5	—	—
	预制墩身(<+8.00m)	外侧/浪溅-水下区	C50	70	0.15	6.5	4.5	不锈钢钢筋（外层）硅烷浸渍	未确定
		内侧/浪溅-大气区	C50	60	0.15	6.5	4.5	硅烷浸渍	未确定
	现浇墩身	外侧/浪溅-大气区	C50	70	0.15	6.5	4.5	不锈钢钢筋+硅烷浸渍	未确定
		内侧/大气区	C50	60	0.15	6.5	4.5	—	—
非通航孔桥(85m连续组合梁)	预制承台	水下区	C45	65	0.20	7.0	5.0	硅烷浸渍（侧、顶面）	未确定
	现浇承台	水下区	C45	65	0.20	7.0	5.0	硅烷浸渍（顶面）	
	钢管复合桩	水下区	C35	60	0.20	7.0	5.0	涂层、阴极保护	
	现浇箱梁	外侧/大气区	C55	45	—	6.0	4.0	—	
		内侧/大气区	C55	45	—	6.0	4.0	—	

续上表

结构	构件	环境/部位	强度	保护层厚度(mm)	裂缝控制(mm)	NT Build 492 氯离子扩散系数($10^{-12}m^2/s$) 28d	NT Build 492 氯离子扩散系数($10^{-12}m^2/s$) 56d	维护措施	维护设计	维护周期
收费站暗桥（满堂支架现浇施工）	钢筋混凝土梁	外侧/大气区	C50	45	—	6.0	4.0	环氧涂层钢筋	环氧涂层钢筋+硅烷浸渍	—
		内侧/大气区	C50	45	—	6.0	4.0		—	—
	墩身	外侧/浪溅-大气区	C50	60	0.15	5.5	4.0	硅烷浸渍	—	未确定
		内侧/大气区	C50	60	0.15	5.5	4.0	硅烷浸渍	—	—
	桥台（桩基除外）	外侧/大气区	C50	60	—	—	—		—	未确定
		内侧/大气区	C50	60	—	—	—		—	—
	承台	水下区	C45	65	0.20	6.5	4.5		—	—
	钻孔桩	水下区	C35	65	0.20	7.0	5.0		—	—
C 匝道桥	钢筋混凝土梁	外侧/大气区	C50	45	—	6.0	4.0	环氧涂层钢筋	环氧涂层钢筋+硅烷浸渍	—
		内侧/大气区	C50	45	—	6.0	4.0		—	—
	预应力混凝土梁	外侧/大气区	C50	45	—	6.0	4.0	环氧涂层钢筋	—	—
		内侧/大气区	C50	45	—	6.0	4.0		—	—
	墩身	外侧/浪溅-大气区	C50	60	0.15	5.5	4.0	硅烷浸渍	—	未确定
		内侧/大气区	C50	60	0.15	5.5	4.0		—	—
	桥台（桩基及承台除外）	外侧/大气区	C50	60	—	—	—	硅烷浸渍	—	未确定
		内侧/大气区	C50	60	—	—	—		—	—
	现浇承台	地下-水变区	C45	65	0.20	6.5	4.5		—	未确定
	钻孔桩	水下区	C35	65	0.20	7.0	5.0		—	—

沉管隧道混凝土耐久性施工图设计方案　　　　　表 5-16

结构	构件	环境/部位	强度	保护层厚度（mm）	裂缝控制（mm）	NT Build 492 氯离子扩散系数（$10^{-12}\mathrm{m^2/s}$）		维护设计	
						28d	56d	维护措施	维护周期
沉管隧道	隧道节段（E1～E2）	外侧/浪溅区	C45	70	0.20	7.0	4.5	外加电流阴极保护	未确定
		内侧/大气区	C45	50	0.20	7.0	4.5	暂无（防火层）	—
	隧道节段（其他）	外侧/浪溅区	C45	70	0.20	6.5	4.5	外加电流阴极保护	未确定
		内侧/大气区	C45	50	0.20	6.5	4.5	暂无（防火层）	—

在美国 ACI-365 委员会提出的 Life-365 模型中[38]，对表面防腐的效果分析如图 5-31 所示，分别是防腐膜和防腐涂层，其作用效果与硅烷浸渍类似。由图 5-31 可以看出，表面防腐蚀措施能够延迟氯离子在混凝土表面聚集作用大概 10 年的时间。结合已有的试验结果和 Life-365 模型的建立，本书将硅烷浸渍对氯离子的侵入过程简单延迟 10 年，即混凝土结构暴露在外部环境的时间，由于硅烷浸渍的作用，减少了 10 年，即：$t_{SL}-10$。

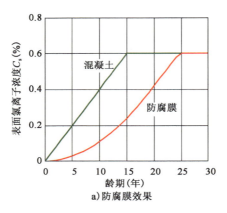
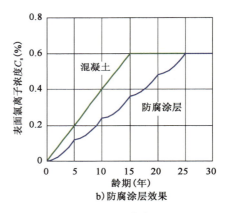

a）防腐膜效果　　　　　　　　　b）防腐涂层效果

图 5-31　混凝土表面防腐蚀措施的效果示意图（Life-365 模型）[38]

从工程观测可知，混凝土表观氯离子扩散系数随时间有明显降低，而且在最初 5 年内下降较为明显。如果在此期间混凝土表面得到了很好的保护（如硅烷浸渍），则在氯离子侵入过程延后开始时，相应的混凝土氯离子扩散系数应该已经显著地降低了。因此，将硅烷的作用简单归结为 10 年的延迟作用是偏于保守的处理方法。

（2）不锈钢钢筋

不锈钢钢筋自身材质对电化学过程的抵抗能力远远高于普通的碳钢钢筋，在耐久性模型中往往通过提高临界氯离子浓度的方法来考虑不锈钢钢筋的作用。Life-365 模型认为，不锈钢钢筋的临界氯离子浓度为普通钢筋的 10 倍。在没有进一步试验数据的情况下，本书保守地把不锈钢钢筋的临界氯离子浓度取为 2%（% 胶凝材料质量），即：$C_{crit}=2.0\%$，近似为普通钢筋的 5 倍。

(3) 环氧涂层钢筋

钢筋表面覆盖环氧涂层后,其与外界侵蚀性介质的接触受到了涂层的物理阻隔,因此在理想状况下,表面 100% 被环氧涂层覆盖的钢筋的抗锈蚀能力将得到提高。但是,美国的工程经验表明[39],环氧涂层在实际工程使用过程中表面由于操作造成的损伤不可避免。如果损伤表面积达到 5%,则钢筋对锈蚀的抵抗能力与普通无涂层钢筋相同;如果损伤表面积控制在 0.004% 以内,则涂层钢筋的抗锈蚀能力显著增强。同时涂层对钢筋锈蚀率也有明显影响,对锈蚀率的控制也和涂层的破损率有关系。

美国 ACI-365 委员会的 Life-365 模型中指出:环氧涂层既不影响氯离子侵入的过程,在环氧涂层破坏处也不改变钢筋发生锈蚀的临界氯离子浓度,环氧涂层会减缓钢筋锈蚀的速度。对于港珠澳大桥混凝土结构耐久性设计,耐久性极限状态选定为钢筋脱钝,与锈蚀发展无关,因此在本书的分析中,耐久性模型将不考虑环氧涂层对氯离子迁移和钢筋脱钝的影响。

(4) 阴极保护

港珠澳大桥结构的阴极保护主要是用在:①桥梁结构的钢管复合桩的钢管防腐蚀措施;②沉管隧道节段中的钢筋网。钢管复合桩同时加设表面防腐层(外壁涂覆高性能 FBE 防护涂层),设计要求涂层初始破损率为 0.5%,60 年涂层破损率为 8%,同时加设牺牲阳极的阴极保护,设计平均电流密度初期为 $25\mathrm{mA/m^2}$,末期为 $20\mathrm{mA/m^2}$。沉管隧道钢筋网的阴极保护为外加电流阴极保护,其启动周期与时机视构件内部钢筋的具体锈蚀发展而定。

在耐久性评估中,对于已经施加阴极保护的钢筋,认为其电化学过程被有效终止。

5.4.3 实体结构耐久性评估

使用耐久性评估模型和模型参数的统计规律,对港珠澳大桥混凝土构件进行耐久性可靠指标的计算。计算考虑了表 5-14 ~ 表 5-16 的详细设计方案,采用 Monte-Carlo 方法,通过专用耐久性分析软件实现[40]。下面分不同暴露条件下的混凝土构件失效概率进行评估分析。

1. 大气区桥梁构件

表 5-17 汇总了港珠澳大桥大气区混凝土桥梁结构的现浇构件以及相应的维护措施,使用专用耐久性评估软件计算结果见图 5-32。

表 5-18 汇总了港珠澳大桥大气区混凝土桥梁结构的预制构件以及相应的维护措施,使用专用耐久性评估软件计算结果见图 5-33。

大气区桥梁结构构件（现浇构件） 表 5-17

结 构	构 件	环境/部位	强度等级	保护层厚度设计值（mm）	氯离子扩散系数（$10^{-12}\text{m}^2/\text{s}$），28d	维护措施
青州航道桥	上、中塔柱	外侧/大气区	C50	60	均值4.10 方差1.15	硅烷浸渍
		内侧/大气区	C50	50		—
	下塔柱	外侧/大气区	C50	60		不锈钢钢筋 + 硅烷浸渍
		内侧/大气区	C50	50		—
	下横梁	大气区	C50	60		不锈钢钢筋 + 硅烷浸渍
九洲航道桥	现浇墩身（> +8.00m）	外侧/大气区	C50	70	均值4.10 方差1.15	硅烷浸渍
		内侧/大气区	C50	60		—
	现浇墩身（< +8.00m）	内侧/大气区	C50	60		—
口岸连接桥（标段2）	预应力箱梁	外侧/大气区	C50	45	均值4.10 方差1.15	—
		内侧/大气区	C50	45		—
	现浇墩身（226-224）	外侧/大气区	C50	70		硅烷浸渍
非通航孔桥（标段2）	现浇墩身（> +8.00m）	外侧/大气区	C50	70	均值4.10 方差1.15	不锈钢钢筋 + 硅烷浸渍
		内侧/大气区	C50	60		—
	现浇箱梁	外侧/大气区	C50	45	均值3.81 方差1.04	—
		内侧/大气区	C50	45		—
收费站暗桥	钢筋混凝土梁	外侧/大气区	C50	45	均值4.10 方差1.15	环氧涂层钢筋 + 硅烷浸渍
		内侧/大气区	C50	45		—
	墩身	外侧/大气区	C50	60		硅烷浸渍
		内侧/大气区	C50	60		—
	桥台	外侧/大气区	C50	60		硅烷浸渍
		内侧/大气区	C50	60		—
C匝道桥	钢筋混凝土梁	外侧/大气区	C50	45	均值4.10 方差1.15	环氧涂层钢筋 + 硅烷浸渍
		内侧/大气区	C50	45		—
	预应力混凝土梁	外侧/大气区	C50	45		环氧涂层钢筋
		内侧/大气区	C50	45		—

续上表

结构	构件	环境/部位	强度等级	保护层厚度设计值（mm）	氯离子扩散系数（10^{-12} m²/s），28d	维护措施
C匝道桥	墩身	外侧/大气区	C50	60	均值4.10 方差1.15	硅烷浸渍
		内侧/大气区	C50	60		—
	桥台	外侧/大气区	C50	60		硅烷浸渍
		内侧/大气区	C50	60		—

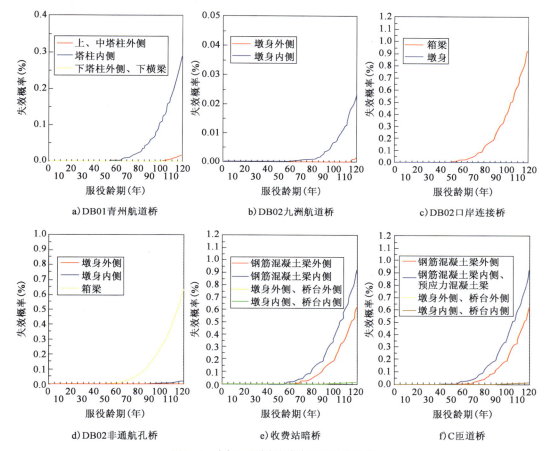

图5-32 大气区现浇桥梁构件时变失效概率

大气区桥梁结构构件（预制构件） 表5-18

结构	构件	环境/部位	强度	保护层厚度设计值（mm）	氯离子扩散系数（10^{-12} m²/s），28d	维护措施
江海直达船航道桥	预制墩身	外侧/大气区	C50	60	均值4.10 方差1.15	环氧涂层-硅烷浸渍
		内侧/大气区	C50	50		

续上表

结构	构件	环境/部位	强度	保护层厚度设计值（mm）	氯离子扩散系数（10^{-12} m²/s），28d	维护措施
青州航道桥	预制墩身	外侧/大气区	C50	60	均值 4.10 方差 1.15	环氧涂层-硅烷浸渍
		内侧/大气区	C50	50		—
非通航孔桥（标段1）	预制墩身（>+8.00m）	外侧/大气区	C50	60	均值 4.10 方差 1.15	环氧涂层-硅烷浸渍
		内侧/大气区	C50	50		—
	预制墩身（<+8.00m）	内侧/大气区	C50	60		硅烷浸渍
跨越崖16-1气田管线桥	上、中节段墩身	外侧/大气区	C50	60	均值 4.10 方差 1.15	环氧涂层-硅烷浸渍
		内侧/大气区	C50	50		—
	下节段墩身	内侧/大气区	C50	60		硅烷浸渍
九洲航道桥	预制桥面板	外侧/大气区	C60	45	均值 4.83 方差 1.22	环氧涂层钢筋
非通航孔桥（标段2）	预制桥面板	外侧/大气区	C60	45	均值 4.83 方差 1.22	环氧涂层钢筋
	预制墩身（>+8.00m）	外侧/大气区	C50	70	均值 4.10 方差 1.15	硅烷浸渍
		内侧/大气区	C50	60		
	预制墩身（<+8.00m）	内侧/大气区	C50	60		硅烷浸渍

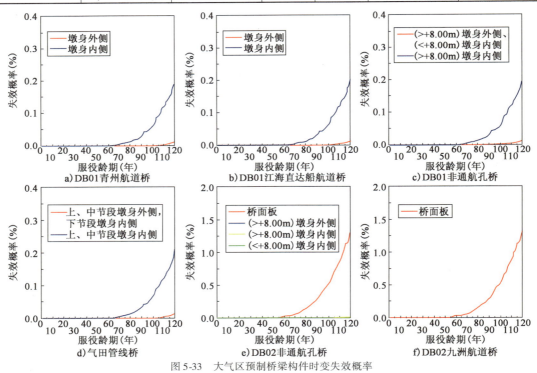

图 5-33 大气区预制桥梁构件时变失效概率

大气区混凝土构件的耐久性措施基本为混凝土本体保护层加上表面硅烷浸渍处理和/或环氧涂层钢筋。由于耐久性计算的临界状态为钢筋脱钝,而本书不考虑环氧涂层对脱钝的延迟作用,因此仅仅表面硅烷浸渍的效果在图5-32和图5-33中得到了体现。从分析可以看出,大气区构件的120年耐久性可靠指标都在2.2以上。可以认为,按照既定的耐久性方案,大气区构件不需要在120年使用年限内进行耐久性维护。

2. 浪溅区/水变区桥梁构件

表5-19汇总了港珠澳大桥浪溅区/水变区混凝土桥梁构件以及相应的维护措施,使用专用耐久性评估软件计算结果见图5-34。

桥梁结构浪溅区/水变区构件 表5-19

结 构	构 件	环境/部位	强度	保护层厚度设计值(mm)	氯离子扩散系数(10^{-12}m²/s),28d	维护措施
江海直达船航道桥	现浇承台	浪溅-水变区	C45	80	均值4.45 方差1.16	不锈钢钢筋-硅烷浸渍
青州航道桥	现浇承台	浪溅-水变区	C45	80	均值4.45 方差1.16	不锈钢钢筋-硅烷浸渍
非通航孔桥（标段1）	预制墩身（<+8.00m）	外侧/浪溅-水变区	C50	70	均值4.10 方差1.15	环氧涂层-硅烷浸渍
		内侧/浪溅区*	C50	60		硅烷浸渍
跨越崖16-1气田管线桥	下节段墩身	外侧/浪溅-水变区	C50	70	均值4.10 方差1.15	环氧涂层-硅烷浸渍
		内侧/浪溅区*	C50	60		硅烷浸渍
九洲航道桥	现浇墩身（<+8.00m）	外侧/浪溅区	C50	70	4.10/1.15	不锈钢钢筋-硅烷浸渍
		内侧/浪溅区*	C50	60		—
	现浇塔身	浪溅区	C60	70	4.83/1.22	不锈钢钢筋-硅烷浸渍
	现浇承台	浪溅区	C45	80	4.45/1.16	不锈钢钢筋-硅烷浸渍
口岸连接桥（标段2）	现浇墩身（220-222）	外侧/浪溅区	C50	70	均值4.10 方差1.15	不锈钢钢筋-硅烷浸渍
		内侧/浪溅区*	C50	60		—
非通航孔桥（标段2）	预制墩身（<+8.00m）	外侧/浪溅区	C50	70	均值4.10 方差1.15	不锈钢钢筋-硅烷浸渍
		内侧/浪溅区*	C50	60		硅烷浸渍
	现浇墩身	外侧/浪溅区	C50	70		不锈钢钢筋-硅烷浸渍
		内侧/浪溅区*	C50	60		
收费站暗桥	墩身	外侧/浪溅区	C50	60	均值4.10 方差1.15	硅烷浸渍
C匝道桥	墩身	外侧/浪溅区	C50	60		硅烷浸渍

注:*表示计算暴露条件针对空心桥墩发生渗水的非正常工况。

除标段1的非通航孔桥和气田管线桥外,浪溅区/水变区混凝土构件都采取了不锈钢钢筋和表面硅烷浸渍的措施。标段1非通航孔桥和气田管线桥的浪溅区桥墩采用了双层环氧涂层钢筋和表面硅烷浸渍的措施。从分析结果来看,采用不锈钢-表面硅烷浸渍措施的混凝土构件120年失效概率水平很低(对应的可靠指标达到5.0以上),因此可确定为120年免维护。

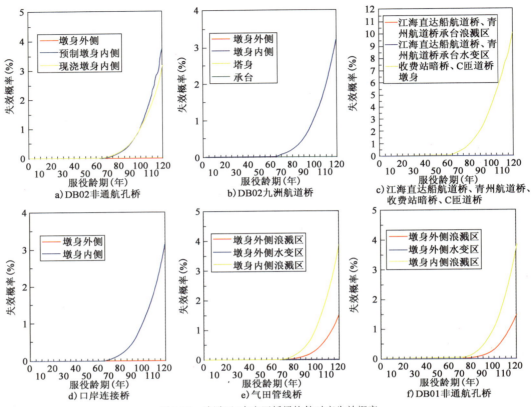

图 5-34 浪溅区/水变区桥梁构件时变失效概率

对于采用双层环氧涂层钢筋的表面硅烷浸渍的混凝土构件(标段1非通航孔桥和气田管线桥),其120年耐久性可靠指标大于2.0,对应的耐久性失效概率为1.5%。由于在本书的评估过程中没有考虑环氧涂层对钢筋脱钝的有利作用,因此该评估结果为相对保守的估计。按照目前对混凝土构件耐久性维护水平对应的失效概率的认识(一般设定为1%~5%),这些混凝土构件可制订在120年内进行耐久性维护的预案。

同时,浪溅区桥墩内侧的评估结果值得注意:按照正常使用和工作条件,浪溅区桥墩(空心)的内侧和海洋大气接触,属于大气区暴露条件,相应的耐久性评估结果见图5-33,具有较大的耐久性安全裕度,但是考虑到在长期使用过程中由于外部降水的渗入以及桥墩局部渗水的可能,空心桥墩的内部可能和海水直接接触,因此评估中对浪溅区桥墩的内部按照浪溅区进行了评估,评估结果显示120年的耐久性失效概率接近10%(可靠指标为1.27)。因此,构件施工中需要采取切实方法避免空心桥墩内部渗水的可能。

3. 水下区桥梁构件

表5-20汇总了港珠澳大桥水下区混凝土桥梁构件以及相应的维护措施,使用专用耐久性评估软件计算结果见图5-35。

水下区桥梁结构构件 表5-20

结　构	构　件	环境/部位	强度	保护层厚度设计值（mm）	氯离子扩散系数$(10^{-12}\text{m}^2/\text{s})$,28d	维护措施
江海直达船航道桥	钢管复合桩	水下区	C35	60	7.0	FBE涂层+阴极保护
青州航道桥	钢管复合桩	水下区	C35	60	7.0	涂层+阴极保护
非通航孔桥（标段1）	预制承台	外侧/水下区	C45	60	4.45/1.16	环氧涂层+硅烷浸渍
	钢管复合桩	水下区	C35	60	7.0	涂层+阴极保护
跨越崖16-1气田管线桥	预制承台	外侧/水下区	C45	60	4.45/1.16	环氧涂层+硅烷浸渍
	钢管复合桩	水下区	C35	60	7.0	涂层+阴极保护
九洲航道桥	现浇承台	水下区	C45	65	4.45/1.16	不锈钢钢筋+硅烷浸渍
	钻孔灌注桩（主墩）	水下区	C35	65	7.0	—
	钢管复合桩（边墩）	水下区	C35	60	7.0	涂层+阴极保护
口岸连接桥（标段2）	现浇承台	外侧/水下区	C45	65	4.45/1.16	硅烷浸渍
	钢管复合桩	水下区	C35	60	7.0	涂层+阴极保护
	钻孔桩	水下区	C35	65	7.0	—
非通航孔桥（标段2）	预制承台	水下区	C45	65	4.45/1.16	硅烷浸渍
	现浇承台	水下区	C45	65	4.45/1.16	硅烷浸渍
	钢管复合桩	水下区	C35	60	7.0	涂层+阴极保护
收费站暗桥	承台	水下区	C45	65	4.45/1.16	—
	钻孔桩	水下区	C35	65	7.0	—
C匝道桥	钻孔桩	水下区	C35	65	7.0	—

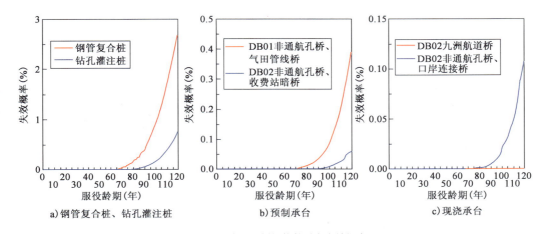

a) 钢管复合桩、钻孔灌注桩　　b) 预制承台　　c) 现浇承台

图5-35　水下区桥梁构件时变失效概率

从上面的分析可以看出，水下区构件（现浇、预制承台）120年耐久性失效概率很低，相应的可靠指标在3.0左右。对于现浇承台构件，由于采用了不锈钢钢筋措施，其120年的

可靠指标高于5.0(相应的失效概率低于10^{-6});对于预制承台,其防腐蚀措施包括双层的环氧涂层钢筋和表面硅烷浸渍,120年的可靠指标为3.24(对应的失效概率约为10^{-3}),低于耐久性维护的失效概率区间(1%~5%),因此可以确定承台构件可以在120年使用年限中实现免维护。

对于钢管复合桩构件,评估没有考虑钢管的作用,假设有钢筋混凝土暴露在水下环境中,120年的耐久性失效概率约为2.7%(可靠指标为1.92)。基于这个假设的评估结果实际上仅仅可以作为极端情况下的参考,如外部的钢套管发生了较为严重的局部锈蚀,导致内部混凝土与外部海水的接触。在现有的设计方案中,外部的涂层和阴极保护均为保护钢套管而加设。因此可以认为,在钢套管防护有效的前提下,内部钢筋混凝土桩的耐久性可以得到保证。

4. 沉管隧道

表5-21汇总了港珠澳大桥沉管隧道混凝土构件以及相应的维护措施,使用专用耐久性评估软件计算结果见图5-36。

沉管隧道节段 表5-21

结构	构件	环境/部位	强度	保护层厚度设计值(mm)	氯离子扩散系数($10^{-12}m^2/s$),28d	维护措施
沉管隧道	现浇节段	外侧/浪溅区	C45	70	4.68/1.11	外加电流阴极保护
		内侧/大气区	C45	50		—
		内侧/浪溅区*	C45	50		—
	其他节段(预制)	外侧/浪溅区	C45	70	4.68/1.11	外加电流阴极保护
		内侧/大气区	C45	50		—
		内侧/浪溅区*	C45	50		—

注:*表示计算暴露条件针对隧道内侧发生渗水的非正常工况。

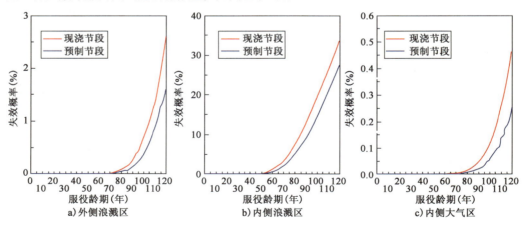

图5-36 沉管隧道时变失效概率

从分析结果可以看出,现浇节段和其他预制节段的耐久性失效概率比较接近。隧道外侧按照浪溅区考虑,则120年失效概率接近3%(可靠指标为2.1~2.2),该失效概率在耐久性维护对应的失效概率区间(1%~5%)。沉管隧道的内侧按照两种工况进行了评估:正常使用的大气区条件和考虑海水渗入内表面的浪溅区条件。按照大气区计算,即假定隧道管节连接完好,内表面与渗入海水不接触,则耐久性可靠指标在120年保持在2.6以上(失效概率约为5×10^{-3}),无须进行耐久性维护;如果按照浪溅区考虑,即外部海水有可能渗入,对内部表面造成干湿交替作用,则失效概率较高,超过20%。图5-36表明,如果发现渗水,局部混凝土能够提供的耐久性年限将低于120年。

因此,如果按照耐久性可靠指标$\beta = 2.0$作为基本的判断标准,沉管隧道的外侧和内侧不发生渗漏的正常使用条件下,均属于120年免维护的构件。如果内侧发生海水渗漏,则内侧使用年限将不足120年,可能需要启动阴极保护措施进行内侧钢筋的保护,具体启动年限可参照图5-36。当然,直接对内侧钢筋状态的监测是必要的维护措施。

5.4.4 耐久性评估结论

根据上述耐久性可靠性分析,得到各个构件不同部位的耐久性可靠指标。下面分别对两个桥梁标段和沉管隧道的耐久性进行评价。

1. 桥梁标段1

桥梁标段1的大多数构件120年耐久性可靠指标都在2.0以上,使用了不锈钢钢筋之后,构件的可靠指标$\beta > 5.0$,说明不锈钢钢筋对混凝土构件耐久性的提高非常显著。计算还表明,采用硅烷浸渍的防腐蚀措施也能有效提高构件的耐久性,可靠指标可增加0.2左右。

相对耐久性不足的构件出现在标段1的非通航孔桥和气田管线桥,其预制墩身在高度低于8m处,外侧为浪溅区,其防腐蚀措施是表面硅烷浸渍和内部(双层)环氧涂层钢筋。计算结果表明,外侧浪溅区的耐久性可靠指标为2.16,虽满足预定的$\beta = 1.3$的要求,但其可靠性裕量较低,并且明显低于同标段的其他构件。从耐久性维护的角度,其对应的耐久性失效概率为1.5%,可以考虑对其制订有针对性的维护预案。

同样是非通航孔桥和气田管线桥,浪溅区空心桥墩内部发生海水渗漏的非正常工作条件应该引起重视。计算表明,如果空心桥墩发生海水渗漏(工程使用期开始即发生渗漏),则其120年耐久性可靠指标只有1.76。这个计算结果表明,对于两个桥梁结构的空心桥墩的海水渗漏应该设置具体的检测和监测方案,并建立相应的耐久性再评估与再设计流程。

2. 桥梁标段2

桥梁标段2的大多数构件耐久性可靠指标也都在2.0以上。当使用了不锈钢钢筋之后,构件的可靠指标达到了5.0以上。采用硅烷浸渍的防腐蚀措施也能有效提高构件的耐久性,可靠指标可提高 0.2 左右。

在正常工作条件下,标段 2 耐久性可靠指标相对偏低的是收费站暗桥和 C 匝道桥的桥墩。在相关设计文件中,两个桥梁结构的桥墩只标注了大气区,而承台直接标注为水下区,因此可以判断桥墩构件必然存在一个水位变动区域。计算表明,在这个水位变动区域(按照浪溅区处理),120 年耐久性可靠指标仅为 1.27,远低于其他混凝土构件的 120 年可靠指标。因此,需要从施工角度对以上两个桥梁结构的桥墩的水位变动区域进行局部的耐久性补强。

在考虑浪溅区空心桥墩可能发生海水渗漏的非正常工况下,标段 2 九洲航道桥、口岸连接桥和非通航孔桥的桥墩内侧的 120 年耐久性可靠指标为 $\beta = 1.84$(现浇)和 $\beta = 1.76$(预制)。这个计算结果表明,对于三个桥梁结构的空心桥墩的海水渗漏应该设置具体的检测和监测方案,并建立相应的耐久性再评估与再设计流程。

3. 沉管隧道

沉管隧道外侧为浪溅区,耐久性可靠指标达到 2.0 左右,按照相应的失效概率可判定为 120 年耐久性免维护构件。沉管内侧暴露环境在正常工作条件下按大气区考虑,120 年耐久性可靠指标达到 2.6。如果考虑到沉管隧道渗水的可能,则沉管内侧(局部)可能直接和海水接触,甚至处于干湿交替的作用环境,相应的 120 年耐久性可靠指标只有 0.41~0.59,失效概率超过 20%。因此对于沉管隧道构件,应建立完备的耐久性检测与监测制度,重点监测隧道内部海水渗漏问题,并建立相应的耐久性再评估与再设计流程。

第 6 章　服役期耐久性评估和再设计

6.1　概　　述

本章在施工阶段的耐久性评估的基础上,面向港珠澳大桥混凝土结构的使用期,进行耐久性持续监测和评估的研究。耐久性持续监测包括现场暴露试验和结构本身的耐久性监测。使用阶段耐久性评估将在施工阶段耐久性评估更新基础上,确定构件的基本维护策略,最终形成耐久性检测与监测、耐久性评估技术以及混凝土构件维护制度组成的港珠澳大桥混凝土结构服役期的全寿命管理策略。

港珠澳大桥混凝土结构的耐久性需要在不同阶段根据不同的数据支撑进行动态评估,并针对耐久性状态进行实时再设计。在施工验收阶段,需要根据施工过程中的数据和真实施工方案来确定结构耐久性状态,必要时进行局部的耐久性补强设计,同时给出使用期中的耐久性检测(监测)与维护方案;在使用阶段,在耐久性检测(监测)数据支撑的基础上,进行动态的耐久性评估,根据评估结果来更新和调整耐久性维护方案,并进行即时耐久性补强的处理。港珠澳大桥在不同阶段的耐久性评估与再设计的总体框架见图 6-1。

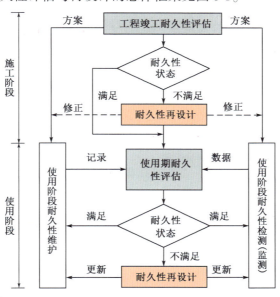

图 6-1　港珠澳大桥混凝土结构耐久性评估与再设计框图与流程

6.2 耐久性检测与监测

6.2.1 暴露试验

海工混凝土结构耐久性影响因素十分复杂,潮汐、浪溅、温湿度、海水盐度以及暴露位置(大气区、浪溅区、潮差区、水下区)等因素均对混凝土结构的耐久性产生较大影响。通过现场暴露试验研究结构材料在不同环境中的腐蚀行为,能够取得最为直接、真实的耐久性数据,弥补传统室内研究手段难以全面反映各种因素综合影响的缺陷,实际环境下暴露试验已成为耐久性研究领域最重要和必不可少的技术手段。近年来我国建设的大型跨海桥梁工程,比如杭州湾跨海大桥、青岛海湾大桥、东海大桥等工程,通常在工程建设的同时建设工程配套暴露试验站,利用现场材料、配合比等制作现场试件或构件用以开展原位试验,可在不破坏实体工程结构的基础上,获取工程耐久性基础数据资料,为运营期的工程管养提供技术支撑。相比国内外跨海桥梁工程,港珠澳大桥位于腐蚀性严重的伶仃洋海域,具有结构形式复杂、设计使用寿命高,且外海施工环境恶劣、耐久性质量控制难度大等特点,主体结构耐久性问题更为突出,因此有必要建造工程配套试验站,以获取港珠澳大桥主体工程耐久性基础数据,为大桥耐久性再设计和后期维护管养提供技术支撑。

1. 选址与建设

暴露试验站是开展工程材料耐久性研究的主要技术平台,试验站选址区域应当充分考虑环境条件是否具有代表性,同时应当方便取样放样和维护管理,节省施工成本和后期维护成本。根据港珠澳大桥整体规划和现场环境,决定依托西人工岛周边结构、环境特点,建设港珠澳大桥配套暴露试验站。暴露试验站下部采用沉箱结构,上部采用混凝土框架结构,如图6-2所示。

该方案有以下优点:

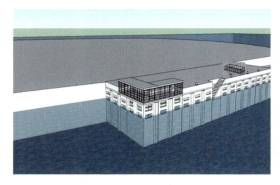

图6-2 港珠澳大桥暴露试验站示意图

(1)暴露试验站在救援码头东侧单独设置,可减少周边结构和码头停船对风浪的阻挡,并依托救援码头直接进入暴露试验站,方便取放试件、维护管理、现场参观等要求。

(2)试验站采用下部沉箱+上部框架结构,可充分保证试验站内部必要的通风条件。

(3)试验站大气区设置在码头堆场后方,尽量减少因暴露试验站的设置而影响西人工岛的整体景观。

(4)试验站下部采用沉箱结构,沉箱结构尺寸与救援码头沉箱一致,可依托沉箱模板,节省设计、施工成本。

2. 高程设计

根据港珠澳大桥设计阶段研究成果,结合暴露试验站拟建位置的海水腐蚀环境特点,依据港珠澳大桥潮汐特征值统计和海水环境混凝土部位划分(表6-1),按照无掩护的天文潮水位划分设置暴露试验站不同腐蚀试块放置的高程。

港珠澳大桥海水环境混凝土部位划分　　　　　　表6-1

区域	无掩护条件(按港工设计水位)		无掩护条件(按天文潮位)		挪威DNV规范(参考)	
	计算方法	高程(100年重现)	计算方法	高程	计算方法	高程
大气区	高于设计高水位加($\eta_0+1.0m$)	> +7.48m	最高天文潮位加 $0.7H_{1/3}$ 以上	> +6.26m	最高天文潮位加 $0.6H_{1/3}$ 以上	> +5.87m
浪溅区	大气区下界至设计高水位减 η_0	+7.48~-1.78m	大气区下界至最高天文潮位减 $H_{1/3}$	+6.26~-0.40m	大气区下界至最低天文潮位加 $0.4H_{1/3}$	+5.87~+0.25m
水变区	浪溅区下界至设计低水位减1.0m	—	浪溅区下界至最低天文潮位减 $0.2H_{1/3}$	-0.40~-2.10m	—	—
水下区	水位变动区以下	< -1.78m	水位变动区以下	< -2.10m	浪溅区以下	< +0.25m

浪溅区高程:我国有掩护的海港工程调查表明,钢筋腐蚀最为严重部位在设计高水位以上1.0m至设计高水位以下0.8m的区段。关于无掩护的海港工程,由于无系统的腐蚀情况调研资料,一般参考有掩护海港工程的资料。根据西人工岛地区的水文地质资料,该区域的设计高水位为+1.66m,建议将浪溅区暴露试件设置在+2.5m高程,该区域比平均高潮位高1.5m,与最高潮位的高程基本相同。因此,试件设置在该高程位置,将能够尽量多地遭受海水飞溅浪溅,并减少海水浸泡的时间。

水变区高程:在结构耐久性设计阶段,基于安全考虑,针对工程确定的海水环境划分,浪溅区划分范围偏大,而水变区的范围偏小、偏低,处于水变区的混凝土结构饱水度普遍较高,往往不符合水变区潮汐涨落的特点。国内外典型暴露试验站调研发现,通常将水变区平台高程设置在平均海平面附近位置,该位置的暴露试件被海水浸泡和露出的时间基本相同,能够体现水变区干湿交替的特性。但考虑到浪溅区高程设置为+2.5m,暴露试验站内部应当留有足够的操作空间,以便于取放试件和维护管理。因此,水变区的高程将结合暴露试验站功能需求,将水变区试件放置高程设置在+0.0m处。

水下区、大气区高程:暴露试验站高程设置一般选择该环境分区腐蚀最严酷的位置作为暴露试件放置高程。大气区通常采用环境分区的下界作为该区域暴露试件放置的高程,水下区采用环境分区的上界。因此,建议将大气区暴露试件放置在高程+6.3m,对于水下区放置在-2.1m。

3. 功能设计

为避免暴露试验站建筑物过高而影响西人工岛的整体景观,暴露试验站大气区暴露试验平台将单独设置在救援码头后方堆场区域,而试验站浪溅区、水变区及水下区暴露试验平台设置在西人工岛救援码头东侧。大气区暴露试验平台(图6-3)设置于码头堆场后方临近西人工岛挡浪墙处,大气区采用浆砌块石结构,顶面高程为+6.2m,面积为16m²,四周设置栏杆,并设置梯级踏步连接码头面。

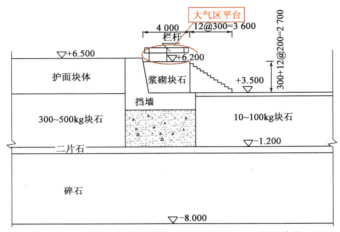

图6-3 大气区暴露试验平台剖面图(尺寸单位:mm;高程单位:m)

试验站浪溅区暴露试验平台(图6-4)为钢筋混凝土框架结构,建造在沉箱顶面高程+2.0~+2.5m。将钢筋网架固定在框架横梁上,钢筋网架上放置暴露试件。浪溅区暴露试验平台面积为80m²,可满足专题研究放置暴露试件的要求。

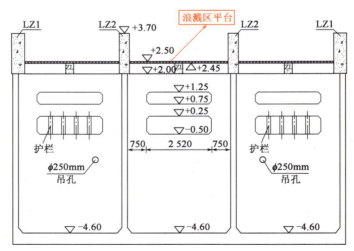

图6-4 浪溅区暴露试验平台剖面图(尺寸单位:mm;高程单位:m)

为避免台风、热带气旋等恶劣气候造成暴露试件的丢失和损伤,对于浪溅区的暴露试件,需采用必要的固定方式。暴露试件放入钢筋网架的不同网格内(图6-5),且将钢筋网架与梁上预埋件连接固定,从而确保暴露试件在台风等恶劣环境下不丢失,以及避免试件之间由于相互碰撞而造成内部损伤,同时也避免因试件相互挤压而影响试件的暴露试验环境。

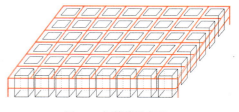

图6-5 钢筋笼示意图

水变区暴露试验站位于沉箱4、6号仓格内,面积为28m²,高程为+0.0m。通过在沉箱牛腿上浇筑0.3m厚的混凝土板作为水变区暴露试验平台(图6-6)。平台对应的海测消浪孔设置栏杆,以确保工作人员、内部设施的安全。在浪溅区设置进入水变区暴露试验平台的爬梯。

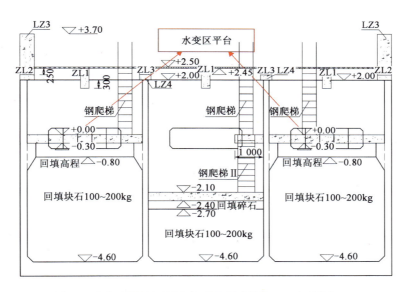

图6-6 水变区暴露试验平台剖面图(尺寸单位:mm;高程单位:m)

水下区暴露试验平台位于沉箱的5号仓格内,面积为14m²。通过在沉箱内部回填碎石至−2.4m,在回填石上铺设0.3m厚混凝土板,作为水下区的暴露试验平台(图6-7)。在浪溅区设置进入水下区的入口和爬梯,并在+0.0m高程处设置1.0m×1.5m的中转平台。

4. 主体结构耐久性监测

针对现场严酷的腐蚀环境,在施工图设计时,制定了相应的钢筋混凝土保护层厚度、混凝土抗氯离子渗透性系数等指标,并采用硅烷浸渍防腐处理。针对暴露试验站内部附属设施,如钢筋护栏、钢筋网片、钢筋支架等钢构件,均采用316L的不锈钢,且采用涂层配套进行防腐涂装。

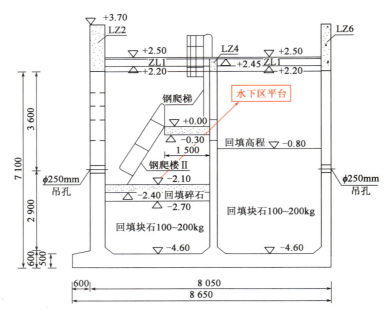

图 6-7　水下区暴露试验平台(尺寸单位:mm;高程单位:m)

为定期监测暴露试验站主体结构耐久性健康状况,在暴露试验站腐蚀环境最严酷的浪溅区横梁(ZL3)的中部布置 ECI 和阳极梯腐蚀监测系统。通过钢筋锈蚀监测传感器的连续采集,能够动态、准确地获得混凝土中钢筋脱钝前锋面的进展情况和混凝土结构内部其他耐久性信息,为暴露试验站主体结构耐久性再设计预案提供参考。

5. 暴露试验方案设计

为及时获得港珠澳大桥主体结构不同服役寿命阶段的耐久性状况,验证防腐蚀措施对大桥整体结构耐久性的保护效果,为服役期的桥梁结构耐久性评估和再设计提供基础数据,需针对港珠澳大桥主体工程典型结构形式与服役环境,制作现场暴露试件或模拟构件,开展长期连续跟踪测试分析。

现场暴露试验主要包括混凝土暴露试验和钢结构暴露试验两部分。混凝土暴露试验部分主要针对桥梁工程(通航孔桥、非通航孔桥)、岛隧工程(沉管结构、岛桥结合部)的承台、墩身、沉管、箱梁等典型构件,成型力学试件,氯盐渗透试件,荷载试件,钢筋混凝土试件,防腐试件(包括硅烷浸渍试件、不锈钢钢筋试件、环氧涂层钢筋试件等),在线监测构件等,通过定期测试获取主体结构力学性能、耐久性能等状况。暴露试件的成型采用施工现场拌和站混凝土,并尽量按照现场养护工艺、养护时间进行养护。养护结束后,将试件放置到大桥暴露试验站或过渡暴露试验站。钢挂片暴露试验主要针对钢箱梁、钢管桩、钢塔柱等钢构件制作同材质的钢挂片开展暴露试验,钢挂片需要在工厂用机器加工制作,并针对部分钢挂片参照实体工程采用的涂装配套体系进行防腐涂装。具体暴露试验方案见表 6-2。

港珠澳大桥混凝土结构暴露试验方案 表6-2

编号	试件种类	研究目的	模拟构件	放置区域	取样周期
1	力学试件	研究长期力学性能经时变化规律	航道桥、非通航孔桥的承台、墩身、主塔、沉管混凝土、岛桥结合部箱梁	大气区、浪溅区、水变区、水下区	1、3、5、10、30、50 年
2	氯离子渗透试件	研究实际环境下氯离子对混凝土的侵蚀规律	航道桥、非通航孔桥的承台、墩身、主塔、沉管混凝土、岛桥结合部箱梁	大气区、浪溅区、水变区、水下区	1、2、3、5、10、20、30、50、70、90、120 年
3	荷载试件（压应力、弯拉应力）	研究荷载与环境耦合作用下混凝土长期耐久性的变化规律	航道桥墩身、岛桥结合部箱梁	水变区、浪溅区	1、2、3、5、10、15、20 年
4	钢筋混凝土试件	研究混凝土中钢筋的腐蚀发展规律，确定钢筋锈蚀时混凝土中临界氯离子浓度的范围	航道桥、非通航孔桥的承台、墩身、主塔、沉管、岛桥结合部箱梁	大气区、浪溅区、水变区、水下区	根据钢筋的电化学参数的变化，具体确定测试周期
5	防腐试件（硅烷浸渍、不锈钢钢筋、环氧涂层钢筋）	研究不同防护措施对混凝土结构的防护效果	航道桥、非通航孔桥的承台、墩身、主塔、岛桥结合部箱梁	大气区、浪溅区、水变区、水下区	定期测试
6	在线监测构件	通过对比长期暴露试验测试参数与在线监测测试参数之间的关系，验证腐蚀传感器测试的准确性	航道桥、非通航孔桥的墩身、沉管	浪溅区、水下区	实时监测
7	实体结构相关性试件	研究实际暴露环境下实体结构与原位浇筑试件耐久性的相关性	暴露试验站混凝土梁	浪溅区	1、2、3、5、10、20、30 年
8	钢挂片	通过现场长期暴露试验，研究实际环境下现场钢挂片的腐蚀特征以及腐蚀速率	钢箱梁、钢塔柱、钢管桩	大气区、浪溅区、水变区、水下区	1、2、3、5、10、20、30、50、70、90、120 年

6.2.2 结构长期耐久性检测与监测

对混凝土结构传统的耐久性监测技术是通过定期或不定期在实体构件上取芯或取粉，再在实验室内对芯样或粉样进行化学分析，借此来评估混凝土结构的耐久性监测状况。传统的耐久性监测技术会对实体构件造成局部破坏，加速局部耐久性劣化历程，对腐蚀环境如此恶劣、设计使用寿命如此之长的港珠澳大桥来说，必须尽量避免在实体构件上钻取芯样或粉样，因此，必须采取对实体结构无损的耐久性监测技术。在施工期埋入耐久性监测传感器是实现混凝土结构无损耐久性监测的最主要技术手段。

考虑到港珠澳大桥的重要性,用在大桥的技术必须成熟可靠。因此在港珠澳大桥主体混凝土结构耐久性监测时,需采用在实际工程中得以应用的成熟的耐久性监测传感器系统,为港珠澳大桥的维护管理和耐久性再设计提供数据支撑。

1. 耐久性传感器的选用

目前,市场应用较多的、较成熟的混凝土结构耐久性监测传感器主要有德国的阳极梯传感器、丹麦的 CorroWatch 传感器以及美国的 ECI-2 耐久性监测传感器(图 6-8)。阳极梯传感器和 CorroWatch 传感器基于宏观电池原理,主要由钢筋阳极和惰性阴极组成,通过监测钢筋阳极和惰性阴极之间的电偶腐蚀电流密度和腐蚀电位来判断钢筋的腐蚀状态,定性地评估钢筋混凝土结构的耐久性健康状况。这两种传感器只能定性地判断钢筋的腐蚀状态,无法定量监测混凝土中氯离子的渗透情况。

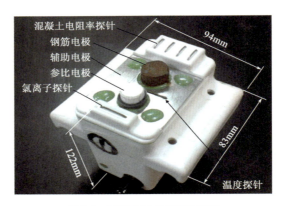

图 6-8 ECI-2 耐久性监测传感器

ECI-2 传感器集成了氯离子探针、混凝土电阻率探针、参比电极等,可以定量地监测混凝土中的氯离子浓度变化情况和钢筋的腐蚀速率[41]。因此,港珠澳大桥主体混凝土结构耐久性监测选用 ECI-2 耐久性监测传感器系统。

2. 传感器技术参数与工作原理

ECI 耐久性监测系统自诞生之日起不断进行升级,目前的产品型号为 ECI-2,其技术参数见表 6-3。

ECI-2 耐久性监测系统的技术参数　　　　表 6-3

序 号	监测内容	技 术 参 数
1	钢筋腐蚀电位	量程:$-1.8 \sim +2.2\text{V}$,精度:0.1mV
2	钢筋腐蚀速率	量程:$220\Omega \cdot \text{cm}^2 \sim 22\text{M}\Omega \cdot \text{cm}^2$,精度:$0.1\text{k}\Omega \cdot \text{cm}^2$
3	氯离子电位	量程:$-1.6 \sim 1.3\text{V}$,精度:0.1mV
4	混凝土电阻率	量程:$1 \sim 100\text{k}\Omega \cdot \text{cm}$,精度:$0.01\text{k}\Omega \cdot \text{cm}$
5	温度	量程:$-50 \sim +150\text{℃}$,精度:0.1℃

ECI耐久性监测系统是目前来说较为先进的混凝土结构耐久性监测产品,相对于其他的耐久性监测产品具有一些独特的技术特点,具体如下:

(1)实时、无损监测。ECI传感器把各监测单元集成在一个坚固小盒内,在混凝土浇筑前预埋于混凝土中,可以实时、无损地监测混凝土的耐久性变化情况。

(2)监测的耐久性参数多。ECI传感器中除了通常电化学测试所需的三电极(钢筋电极、辅助电极和参比电极)外,还集成了Ag/AgCl氯离子探针、混凝土电阻率探针和温度探针。可以实现实时地监测钢筋的腐蚀电位、腐蚀速率、氯离子浓度、混凝土电阻率和温度的变化,综合分析这几个参数的变化规律,从而更准确地分析钢筋的腐蚀状况,评估混凝土结构的耐久性健康状况。

(3)氯离子浓度的实时监测。氯离子侵入诱发钢筋的腐蚀是影响混凝土结构耐久性的最主要因素,ECI耐久性监测系统针对氯离子这一影响混凝土结构耐久性的关键参数,在传感器中设置了Ag/AgCl氯离子探针,实时监测混凝土中的氯离子浓度。

(4)抗电磁干扰。一般的耐久性监测产品的监测信号均是以模拟信号进行输出,模拟信号易受电磁信号的干扰(如电力线、手机信号等),且传输线路越长,受电磁干扰的影响就越大,严重影响了监测结果的准确性。数字信号对电磁干扰的敏感性较小,可以获得更加准确可靠的监测结果。ECI传感器内部设置有一个单片机,单片机通过依次控制每个监测单元进行测量和采集数据,并通过数/模(DAC)和模/数(ADC)转换,将测得的模拟信号转换成数据信号进行输出。ECI传感器的内部将模拟信号转换成了数字信号,模拟线路极短,仅仅只有1英寸,因此有效降低了电磁干扰对监测结果的不利影响。

(5)远程监控。数据采集器通过编程来实现ECI传感器的周期性开启以及发出收集和发送数据指令,然后,数据采集器可以把返回的腐蚀数据与对应仪器的特征号码和位置一一对应,这些数据就可以在现场下载到便携式计算机上。此外,数据采集器可以与无限收发器或蜂窝式电话调制解调器进行数据交互,从而实现远程数据采集和操作。

(6)运行状态自检。ECI耐久性监测传感器内部设有Dummy电池,监测传感器预埋前,可以利用Dummy电池对传感器的运行状态进行自检,检查传感器的运行情况。

3. 耐久性监测设计

对港珠澳大桥混凝土结构进行耐久性监测需要遵循以下原则:

(1)监测点设置需涵盖所有的混凝土构件(主塔、承台、桥墩、混凝土箱梁和沉管),以保证监测数据的全面性。

(2)同一类型的构件具有相似的混凝土(原材料和配合比)和施工工艺,且它们所处的腐蚀环境也相似,它们应具有相似的耐久性劣化过程,考虑到经济效益的问题,挑选具有代表性的构件和区域进行布点设置。

(3) 同一混凝土构件应布置在发生腐蚀最为严重的位置。

(4) 处于水下区的混凝土构件，因其面临的耐久性问题并不严重，故不设置监测点。

基于以上监测点设置原则，全桥共设置 13 个监测点，其中，通航孔桥的主塔及承台设置 4 个监测点，非通航孔桥的桥墩设置 3 个监测点，岛桥结合部的混凝土箱梁设置 3 个监测点，沉管隧道设置 3 个监测点。总体测点埋设见表 6-4。

监测点分布表 表 6-4

结构	构件	监测点高程	传感器所处环境
青州航道桥	主塔 (57 号桥墩)	+8.5m	大气区
		+4.8m	浪溅区
江海直达船航道桥	主塔 (140 号桥墩)	+4.8m	浪溅区
九洲航道桥	主塔 (207 号桥墩)	+4.8m	浪溅区
深水区非通航孔桥	119 号桥墩	+8.5m	大气区
		+3.5m	浪溅区
浅水区非通航孔桥	162 号桥墩	+3.5m	浪溅区
东人工岛结合部桥梁	7 号~8 号墩之间的箱梁底	+5.5m	浪溅区
西人工岛结合部桥梁	11 号~12 号墩之间的箱梁底	+5.5m	浪溅区
	14 号~15 号墩之间的箱梁底	+9.0m	大气区
沉管隧道	E14 管节	—	内壁
	E14 管节	—	外壁
	西岛敞开段	—	大气区

通航孔桥监测点设置：港珠澳大桥所处的伶仃洋海域以东风和东南风为主，通航孔桥主塔的东侧相对于其他侧，腐蚀风险更大，腐蚀更为严重，因此，通航孔桥主塔的监测点设置在主塔的东侧。共设置 4 个监测点，其中 3 个监测点位于浪溅区，1 个监测点位于大气区。考虑到处于水变区和浪溅区的混凝土构件均为主塔的承台，其混凝土体系、保护层厚度和施工工艺均相同，因此未在水变区设置监测点。浪溅区的监测点分布在 57 号、140 号和 207 号桥墩，设置高程为 +4.8m，大气区的监测点设置在 57 号桥墩，设置高程为 +8.5m，监测点分布如图 6-9 所示。

非通航孔桥监测点设置：与通航孔桥一致，非通航孔桥的监测点也布置在桥墩的东侧。非通航孔桥共设置 3 个监测点，其中 2 个监测点位于浪溅区（同样，处于水变区的桥墩与浪溅区的桥墩采用的混凝土体系、保护层厚度和施工工艺均相同，所以未在水变区设置监测点），1 个监测点位于大气区。浪溅区的监测点分布在 119 号桥墩和 162 号桥墩，设置高程为 +3.5m，大气区的监测点设置在 119 号桥墩，设置高程为 +8.5m，如图 6-10 所示。

混凝土箱梁监测点设置：东西人工岛岛桥结合部的混凝土箱梁是面临耐久性问题较为严重的混凝土构件，因此需要在箱梁上设置监测点，以实时获取箱梁的耐久性关键参数，掌握箱梁的耐久性健康状况，为岛桥结合部混凝土箱梁的耐久性再设计提供数据支撑。东西人工岛岛桥结合部的混凝土箱梁共设置3个监测点。箱梁底面，尤其是底面的中部是受拉应力最大的位置，在腐蚀环境相对的条件下，其耐久性劣化相对于其他部位更加严重。综合考虑腐蚀环境和受力状态这两种影响箱梁耐久性的因素，3个监测点均设置在箱梁底部，其中2个位于浪溅区，1个位于大气区，浪溅区监测点的高程为+5.5m，大气区监测点的高程为+9.0m。

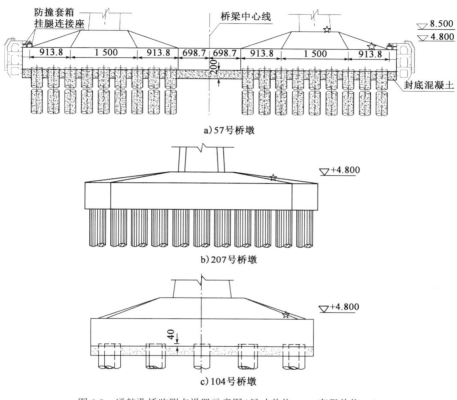

图6-9 通航孔桥监测点设置示意图（尺寸单位：mm；高程单位：m）

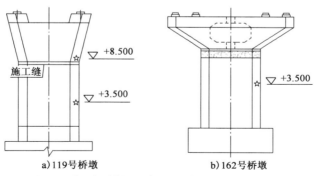

图6-10 非通航孔桥监测点设置示意图（高程单位：m）

沉管隧道监测点设置：沉管隧道是港珠澳大桥的重要组成部分，沉管隧道位于海底，一旦出现耐久性问题，其带来的后果将是灾难性的。因此，必须实时监测沉管隧道混凝土结构的耐久性,确保沉管隧道的安全服役。港珠澳大桥沉管隧道分为暗埋段和敞开段,监测点的设置分布于暗埋段和敞开段,共设3个监测点,其中,沉管内壁设置2个监测点,分别位于西人工岛敞开段(距暗埋段洞口140m)和E14管节的顶面(靠近E15管节接头处);沉管外壁设置1个监测点,位于E14管节的侧面,见图6-11。

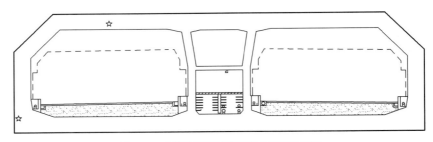

图6-11 暗埋段沉管隧道监测点设置示意图

传感器埋设设计:根据相似环境工程调查和暴露试验的研究结果,氯离子侵入诱发钢筋腐蚀是导致港珠澳大桥主体混凝土结构耐久性劣化的最主要因素,因此监测混凝土保护层中氯离子浓度及其深度分布,能够有效预测混凝土结构的耐久性剩余使用寿命,为港珠澳大桥耐久性再设计提供数据支撑,确保大桥120年耐久性设计使用寿命。然而,单一的ECI-2耐久性监测传感器仅能监测混凝土保护层中某一深度的氯离子含量,不能监测不同深度的氯离子浓度,无法预测耐久性剩余使用寿命。为了实时监测混凝土保护层中氯离子浓度及其深度分布,在每个监测点等间距预埋安装4个ECI-2耐久性监测传感器,以实现保护层中不同深度氯离子浓度的实时监测,得出氯离子浓度随深度分布规律,判断大桥混凝土结构的耐久性状况和预测剩余使用寿命。浪溅区和沉管外壁的保护层厚度为70mm,传感器监测面距混凝土表面的距离为15mm、30mm、45mm和60mm;大气区的混凝土构件混凝土保护层厚度为50mm,传感器监测面距混凝土表面的距离为12mm、25mm、37mm和50mm。传感器的预埋安装示意图见图6-12。

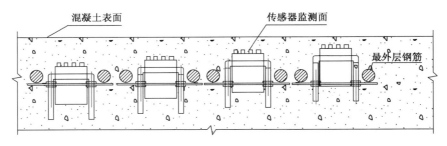

图6-12 传感器预埋安装示意图

4. 耐久性监测系统安装

传感器预埋安装:根据耐久性监测设计要求,每一个监测点的4个ECI-2传感器在设计保护层厚度内均匀分布。为实现传感器监测面在混凝土保护层不同深度,传感器将安装在可调节高度的不锈钢支架上。不锈钢支架由 U 形带螺纹不锈钢棒和双孔不锈钢片组成,两者通过螺母固定,见图 6-13。

图 6-13 单个传感器安装示意图

浇筑后监测系统运行状况检查:在传感器安装过程中,虽然对传感器的安装位置进行了精确控制,但是在混凝土浇筑过程中可能会使传感器的位置发生偏移。所以,在混凝土浇筑后采用 MALA PROEX 高精度探伤雷达对传感器安装的位置进行定位,并记录在案,为后期的耐久性健康状况的评估提供支撑。监测系统运行状况的检查可采取两种方式:①利用传感器内部的 Dummy 电池进行监测系统运行状况的检查;②采用耐久性监测系统测量混凝土的电阻率、氯离子浓度和温度以及钢筋的腐蚀速率、腐蚀电位,根据测得的数据来诊断耐久性监测系统的运行状况。

数据采集系统安装:通航孔桥和非通航孔桥的数据采集与传输系统安装于钢箱梁内的横隔板上,将系统放置于一个带门的不锈钢箱子,箱子尺寸为 600mm×450mm×220mm。箱子与钢箱梁之间采用螺栓固定在横隔板预留槽钢上;E14 沉管的数据采集与传输系统安装于 E14 沉管检修通道的内侧壁上;沉管敞开段的数据采集与传输系统安装于靠近预埋传感器位置的侧壁上;箱梁的数据采集与传输系统安装于箱梁内部侧壁上。数据采集与传输系统放置于带门的不锈钢箱子里,不锈钢箱子采用不锈钢膨胀螺栓与混凝土墙面进行安装固定。每一个数据采集与传输系统安装完成后,应立即与其下属的传感器进行通信测试。若全部传感器通信失败,检查数据采集仪自身是否工作正常,电缆接口是否有断路。

6.3 混凝土结构与构件服役期维护方案

6.3.1 维护方案确定原则

港珠澳大桥混凝土结构的维护方案是根据施工阶段(包括竣工验收阶段)的耐久性评估来确定的。施工阶段的耐久性评估考虑了施工具体的耐久性方案以及工程现场的耐久性参数。施工阶段耐久性评估结果见 5.4.3 的计算结果。在此基础上,根据各种构件的耐久性失效概率确定维护的基本年限。

6.3.2 维护方案建议

表 6-5 ~ 表 6-7 给出了按照施工阶段耐久性评估结果建议的混凝土构件基本维护制度。其中的混凝土构件免维护对应的耐久性失效概率定为 2%,对应的耐久性可靠指标为 2.06。

表 6-5 ~ 表 6-7 中,经过前期耐久性设计和采用耐久性措施,绝大部分构件在 120 年内免维护。浪溅区墩身内部如有海水渗入(由桥梁运营中的耐久性检测与监测确定),则需要在 120 年内进行 1 次表面维护,即初步定为表面电化学脱盐复合表面硅烷浸渍的维护措施。表 6-7 中现浇管节外部 120 年可靠指标略低于免维护水平(2.06),建议在 110 年启动外加电流阴极保护。隧道内部如无海水渗漏,则可免维护;如发生渗漏,根据渗漏面积的比例可按照后文图 6-17 的图示结果判断阴极保护的启动时间,表中给出的 60 年周期为保守估计维护周期。维护方案中的墩身内部和隧道内部的海水渗入是或然事件,在设计阶段作为非正常工况,在使用阶段需要结合耐久性检测与监测来判断该事件是否发生。

应该说明,表 6-5 ~ 表 6-7 中的"免维护"构件为施工阶段的评估结果,在构件运营中的不确定性(环境与荷载作用)会一定程度上降低构件的耐久性安全裕度,在不利的情况下可能需要维护。因此,针对"免维护"构件也需要建立一个基本维护制度,来考虑服役期中的不确定性。具体的基本维护制度的规定在《港珠澳大桥混凝土结构维护指南》中给出。

6.3.3 混凝土构件服役期基本维护制度

(1)初步维护预案

在港珠澳大桥建成状态评估的基础上,根据构件的耐久性水平和构件的结构重要性建立初步维护预案。初步维护预案包括针对重点构件采取的重点维护制度,以及对其他构件采取的基本维护制度。

采用基本维护制度的构件包括使用了不锈钢钢筋的桥梁大气区、浪溅区构件,基本维护制度建议为构件表面进行硅烷浸渍处理,维护周期建议为 20 ~ 40 年。

重点构件建议包括未采用不锈钢钢筋的桥梁大气区和浪溅区构件,重点维护制度建议在基本维护制度的基础上,增加表面硅烷浸渍处理的次数与频率。

沉管隧道节段建议作为重点构件考虑,其维护制度建议为在全寿命周期内酌情启动钢筋的阴极保护。

桥梁节段的钢管复合桩建议按照基本维护构件考虑,钻孔灌注桩建议按照重点维护构件考虑。

(2)使用期维护预案

混凝土构件使用期的维护制度在耐久性水平评估不足时应进行相应调整,维护制度的调整原则是在保持耐久性能在预期水平之上的同时,兼顾混凝土结构和构件的全寿命成本位于合理区间,可使用全寿命成本分析方法进行维护制度的调整。

第6章 服役期耐久性评估和再设计

桥梁标段1混凝土构件基本维护周期与制度

表6-5

结构	构件	环境/部位	保护层厚度(mm)	施工阶段耐久性方案	120年可靠指标	基本维护方案 维护措施(基本维护)	基本维护方案 维护周期(年)
江海直达船航道桥（钢塔斜拉桥）	预制墩身	外侧/大气区	60	环氧涂层(外层钢筋/拉筋)硅烷浸渍	3.62	免维护(基本维护)	—
		内侧/大气区	50	—	2.86	免维护	—
	现浇承台	浪溅-水下区	80	不锈钢钢筋(外层钢筋/拉筋)硅烷浸渍	>5.0/浪溅区 >5.0/水下区	免维护	—
	钢管复合桩	水下区	60	涂层，阴极保护	1.92	阴极保护(启动)	60
	上、中塔柱	外侧/大气区	60	硅烷浸渍	3.57	免维护	—
		内侧/大气区	50	—	2.76	免维护	—
	下塔柱	外侧/大气区	60	不锈钢钢筋(外层钢筋/拉筋)硅烷浸渍	>5.0	免维护	—
	下横梁	大气区	50	—	2.76	免维护	—
青州航道桥（混凝土塔斜拉桥）	预制墩身	外侧/大气区	60	环氧涂层(外层钢筋/拉筋)硅烷浸渍	3.62	免维护	—
		内侧/大气区	50	—	2.86	免维护	—
	现浇承台	浪溅-水下区	80	不锈钢钢筋(外层钢筋/拉筋)硅烷浸渍	>5.0/浪溅区 >5.0/水下区	免维护	—
	钢管复合桩	水下区	60	涂层(60年)+阴极保护(60年)	1.92	阴极保护(启动)	60

续上表

结构	构件		环境/部位	保护层厚度（mm）	施工阶段耐久性方案	120年可靠指标	基本维护方案	
							维护措施	维护周期（年）
非通航孔桥	预制墩身（>+8.00m）		外侧/大气区	60	环氧涂层（外层钢筋/拉筋）硅烷浸渍	3.62	免维护	—
			内侧/大气区	50	—	2.86	免维护	—
	预制墩身（<+8.00m）		外侧/浪溅-水下区	70	环氧涂层（双层外侧钢筋）硅烷浸渍	2.16/浪溅区 3.62/水下区	免维护	—
			内侧/浪溅-大气区	60	硅烷浸渍	3.62/大气区 1.76/浪溅区	免维护（大气区）脱盐/硅烷浸渍（浪溅区）	100（浪溅区）
	预制承台		水下区	60	环氧涂层（双层外侧钢筋）硅烷浸渍	2.65	免维护	—
	钢管复合桩		水下区	60	涂层（70年）+阴极保护（60年）	1.92	阴极保护（启动）	60
跨越崖14-1气田管线桥	上、中节段墩身		外侧/大气区	60	环氧涂层（外层钢筋/拉筋）	3.62	免维护	—
			内侧/大气区	50	—	2.86	免维护	—
	下节段墩身		外侧/浪溅-水下区	70	环氧涂层（双层外侧钢筋）硅烷浸渍	2.16/浪溅区 3.62/水下区	免维护	—
			内侧/浪溅-大气区	60	硅烷浸渍	3.62/大气区 1.76/浪溅区	免维护（大气区）脱盐/硅烷浸渍（浪溅区）	100（浪溅区）
	预制承台		水下区	60	环氧涂层（双层外侧钢筋）硅烷浸渍	2.65	免维护	—
	钢管复合桩		水下区	60	涂层（60年）+阴极保护（60年）	1.92	阴极保护（启动）	60

第6章 服役期耐久性评估和再设计

表6-6 桥梁标段2混凝土构件基本维护周期与制度

结构	构件	环境/部位	保护层厚度(mm)	施工阶段耐久性方案	120年可靠指标	基本维护方案 维护措施	基本维护方案 维护周期(年)
九洲航道桥（钢-混凝土组合梁斜拉桥）	预制桥面板	大气区	45	环氧涂层钢筋	2.21	免维护	—
	现浇墩身（>+8.00m）	外侧/大气区	70	硅烷浸渍	4.11	免维护	—
		内侧/大气区	60	—	3.48	免维护	—
	现浇墩身（<+8.00m）	外侧/浪溅区	70	不锈钢钢筋（外层）硅烷浸渍	>5.0	免维护	—
		内侧/浪溅-大气区	60	—	3.81/大气区 1.84/浪溅区	免维护（大气区）脱盐/硅烷浸渍（浪溅区）	100（浪溅区）
	现浇塔身	浪溅区	70	不锈钢钢筋（外层钢筋/拉筋）硅烷浸渍	>5.0	免维护	—
	现浇承台	浪溅区	80	不锈钢钢筋（外层）硅烷浸渍	>5.0	免维护	—
	钻孔灌注桩（主墩）	水下区	65	不锈钢钢筋（外层）硅烷浸渍	>5.0	免维护	—
	钢管复合桩（边墩）	水下区	65	—	2.42	免维护	—
		水下区	60	涂层（60年）+阴极保护（60年）	1.92	阴极保护（启动）	60
口岸连接桥（预应力混凝土连续箱梁）	预应力箱梁	外侧/大气区	45	—	2.36	免维护	—
		内侧/大气区	45	—	2.36	免维护	—
	现浇墩身（220-222）	外侧/浪溅区	70	不锈钢钢筋（外层）硅烷浸渍	>5.0	免维护	—
		内侧/浪溅-大气区	60	—	3.81/大气区 1.84/浪溅区	免维护（大气区）脱盐/硅烷浸渍（浪溅区）	100（浪溅区）

续上表

结构	构件	环境部位	保护层厚度(mm)	施工阶段耐久性方案	120年可靠指标	维护措施	维护周期(年)
口岸连接桥(预应力混凝土连续箱梁)	现浇墩身(224-224)	外侧/大气区	70	硅烷浸渍	>5.0	免维护	—
	现浇承台	外侧/水下区	65	硅烷浸渍(顶面)	3.05	免维护	—
	钢管复合桩	水下区	60	涂层(60年)+阴极保护(60年)	1.92	阴极保护(启动)	60
	钻孔桩	水下区	65	—	2.42	免维护	—
	预制桥面板	大气区	45	环氧涂层钢筋	2.21	免维护	—
	预制墩身(>+8.00m)	外侧/大气区	70	硅烷浸渍	>5.0	免维护	—
		内侧/大气区	60	—	3.57	免维护	—
	预制墩身(<+8.00m)	外侧/浪溅-水下区	70	不锈钢钢筋(外层) 硅烷浸渍	>5.0/浪溅区 >5.0/水下区	免维护	—
		内侧/浪溅-大气区	60	硅烷浸渍	3.62/大气区 1.76/浪溅区	免维护(大气区) 脱盐/硅烷浸渍(浪溅区)	100(浪溅区)
非通航孔桥(85m连续组合梁)	现浇墩身	外侧/浪溅-大气区	70	不锈钢钢筋+硅烷浸渍	>5.0/大气区 >5.0/浪溅区	免维护	—
		内侧/浪溅-大气区	60	—	3.48/大气区 1.84/浪溅区	免维护(大气区) 脱盐/硅烷浸渍(浪溅区)	100(浪溅区)
	预制承台	水下区	65	硅烷浸渍(侧,顶面)	3.24	免维护	—
	现浇承台	水下区	65	硅烷浸渍(顶面)	3.05	免维护	—
	钢管复合桩	水下区	60	涂层(60年)+阴极保护(60年)	1.92	阴极保护(启动)	60
	现浇箱梁	外侧/大气区	45	—	2.48	免维护	—
		内侧/大气区	45	—	2.48	免维护	—

续上表

结构	构件	环境部位	保护层厚度（mm）	施工阶段耐久性方案	120年可靠指标	基本维护方案	
						维护措施	维护周期（年）
收费站暗桥（满堂支架现浇施工）	钢筋混凝土梁	外侧/大气区	45	环氧涂层钢筋+硅烷浸渍	2.49	免维护	—
		内侧/大气区	45	—	2.36	免维护	—
	墩身	外侧/浪溅-大气区	60	硅烷浸渍	3.57/大气区 1.27/浪溅区	免维护(大气区) 脱盐/硅烷浸渍(浪溅区)	80(浪溅区)
		内侧/大气区	60	—	3.48	免维护	—
	桥台（桩基除外）	外侧/大气区	60	硅烷浸渍	3.57	免维护	—
		内侧/大气区	60	—	3.48	免维护	—
	承台	水下区	65	—	3.24	免维护	—
	钻孔桩	水下区	65	—	2.42	免维护	—
C匝道桥	钢筋混凝土梁	外侧/大气区	45	环氧涂层钢筋+硅烷浸渍	2.49	免维护	—
		内侧/大气区	45	—	2.36	免维护	—
	预应力混凝土梁	外侧/大气区	45	环氧钢筋	2.36	免维护	—
		内侧/大气区	45	—	2.36	免维护	—
	墩身	外侧/浪溅-大气区	60	硅烷浸渍	3.57/大气区 1.27/浪溅区	免维护(大气区) 脱盐/硅烷浸渍(浪溅区)	80(浪溅区)
		内侧/大气区	60	—	3.48	免维护	—
	桥台（桩基及承台除外）	外侧/大气区	60	硅烷浸渍	3.57	免维护	—
		内侧/大气区	60	—	3.48	免维护	—
	现浇承台	地下-水变区	65	—	2.04	免维护	—
	钻孔桩	水下区	65	—	2.42	免维护	—

沉管隧道混凝土构件基本维护周期与制度 表 6-7

结构	构件	环境/部位	保护层厚度（mm）	施工阶段耐久性方案	120年可靠指标	基本维护方案	
						维护措施	维护周期（年）
沉管隧道	隧道节段（E1~E2）	外侧/浪溅区	70	外加电流阴极保护	1.94	阴极保护（启动）	110
		内侧/大气区、浪溅区	50	暂无（防火层）	2.60/大气区 0.41/浪溅区	免维护（大气区）阴极保护（启动）（浪溅区）	— 60年（浪溅区）
	隧道节段（其他）	外侧/浪溅区	70	外加电流阴极保护	2.13	免维护	—
		内侧/大气区、浪溅区	50	暂无（防火层）	2.81/大气区 0.59/浪溅区	免维护（大气区）阴极保护（启动）（浪溅区）	— 60年（浪溅区）

6.4 服役期耐久性评估原则与方法

6.4.1 评估原则与方法

在结构的使用期中，混凝土构件的耐久性状态需要通过结构的常规检测、针对耐久性过程的技术指标监测（借助传感器）来确定。混凝土构件在使用期间的真实耐久性状态与前期对使用期的耐久性评估结果会存在差别，原因是前期的耐久性评估对材料参数和环境作用参数的取值或多或少与真实情况会有差别。使用期中依据真实的检测数据对原有的评估进行更新，或者基于收集到的检测数据进行再评估，目的是在使用期中实时掌握混凝土构件的耐久性状态，以便为整个结构的维护管理制度的合理化和最优化提供基础数据支撑。

耐久性评估方法包括具体的数据来源（检测与监测）、评估模型以及评估的更新算法。耐久性评估的数据来源包括日常的检测数据、专用设备和传感器的监测数据以及与结构使用期平行开展的位于工程原址的暴露试验数据。表6-8列出了混凝土构件对于氯离子侵入引起钢筋锈蚀过程的评估数据来源。

耐久性评估的模型是描述耐久性过程的数学模型，式（5-5）~式（5-7）组成了氯离子侵入引起钢筋锈蚀的评估模型。该评估模型中的主要参数包括混凝土表面氯离子浓度 C_s，混凝土初始氯离子浓度 C_0，钢筋锈蚀的临界氯离子浓度 C_{cr}，混凝土的氯离子扩散系数 D_{Cl}^0，混凝土氯离子扩散系数的衰减指数 n，以及钢筋的混凝土保护层厚度 x_d。在工程施工结束后，在使用期中混凝土保护层厚度和混凝土的初始氯离子浓度均为定值，而混凝土表面氯离子浓度、钢筋锈蚀的临界氯离子浓度、混凝土的氯离子扩散系数以及扩散系数的衰减指数 n 和材料与环境的长期相互作用紧密相关,因此需要不断地从实际检测/监测和暴露试验数据中获得更加接近实际结构的数值及其统计规律。评估模型基本采用不确定性分析方法,结合确定的耐久性极限状态(如钢筋的脱钝),计算混凝土构件的耐久性失效概率或者耐久性可靠指标随时间的变化,尤其是在评估时刻起耐久性可靠指标的变化,作为使用期混凝土全寿命管理的基础数据。

钢筋混凝土构件钢筋锈蚀过程评估数据来源　　　　表6-8

数据来源	采集方法	定性数据	定量数据
日常检测	人工或仪器定期检测	(1)混凝土构件完好程度; (2)混凝土表面破损程度; (3)钢筋锈蚀产物	(1)环境温度; (2)环境湿度; (3)裂缝密度与宽度; (4)混凝土保护层厚度
监测数据	钢筋锈蚀监测单元	—	(1)钢筋腐蚀电位; (2)钢筋腐蚀速率; (3)氯离子浓度; (4)混凝土 pH 值
暴露试验	暴露试件实验室测试	—	(1)混凝土表面氯离子浓度; (2)表观氯离子扩散系数; (3)扩散系数衰减指数; (4)钢筋锈蚀临界氯离子浓度

6.4.2 数据更新的理论基础

根据表 6-8 中的不同数据来源,可以在两个层次上对既有的评估结果进行更新或者再评估。首先,从不同的数据来源直接对评估模型的参数进行更新,可以更新参数的数值及其统计规律。在获得的数据充足的情况下,可考虑对原有参数建立新的统计模型;在获得的数据不充足的情况下,可以考虑使用新数据来更新原有参数的统计规律。其次,可以利用构件耐久性过程中获得的间接信息直接对评估模型的状态函数的失效概率计算过程进行更新。比如,在日常检测中已经观测到构件的某个部位出现了钢筋锈蚀迹象,如开裂、锈蚀产物出现等。这个信息是耐久性过程的直接信息,与评估模型的参数无直接关系。以下给出由不同数据来源进行再评估/评估更新的理论基础。

1. 针对参数直接观测的贝叶斯更新

假定评估模型中具有统计规律的变量 X,其概率密度函数为 $f(\mu,\sigma)$。出于更新的需要,密度函数中的 (μ,σ) 也被视为具有统计规律的变量,分别也具有其分布规律,假定其初始概率密度函数分别为:

$$f_\sigma(\sigma) = f_\sigma^{(0)}(\sigma), f_\mu(\mu) = f_\mu^{(0)}(\mu) \tag{6-1}$$

上式中"0"表示数据更新前的分布。

相应地,统计变量 X 的概率密度分布函数可以被视为条件概率密度函数:

$$f_X = f_X[x;(\sigma,\mu)] = f_X[x|(\sigma,\mu)] \tag{6-2}$$

假设参数 X 在使用期中得到检测与监测数据为:

$$\hat{x} = [\hat{x}_i]_{i=1,\hat{n}} \tag{6-3}$$

对参数 σ(为简化表达仅仅列出对 σ 的更新)的更新可以表达成已知式(6-3)的参数观测值条件下的概率密度函数:

$$f_\sigma^{(1)}(\sigma|\hat{x}) = \frac{f_\sigma^{(0)}(\sigma) \cdot L(\hat{x}|\sigma)}{\int_{\sigma_{\min}}^{\sigma_{\max}} f_\sigma^{(0)}(\sigma) \cdot L(\hat{x}|\sigma) d\sigma} \tag{6-4}$$

其中 L 函数是参数更新的似然函数,表达为:

$$L(\hat{x}|\sigma) = \prod_{i=1,\hat{n}} f_X(\hat{x}_i|\sigma) = \prod_{i=1,\hat{n}} f_X(\hat{x}_i,\sigma) \tag{6-5}$$

最后,参数 X 的概率密度函数按照条件概率的表达写成:

$$f_X^{(1)}(x|\hat{x}) = \int_{\sigma_{\min}}^{\sigma_{\max}} f_X^{(0)}(x|\sigma) f_\sigma^{(1)}(\sigma|\hat{x}) d\sigma \tag{6-6}$$

2. 针对间接信息的贝叶斯更新

假定间接信息可以表达为基本评估模型参数 X 的显式函数 $H(X)$,观测本身可以表达为显式函数的等式或者不等式的形式:

$$H(X) \leq 0 \tag{6-7}$$

那么,对耐久性失效概率的更新就是在有了式(6-7)的观测以后,原来耐久性失效概率成为一个条件概率:

$$P[G(X,t) = R(X,t) - S \leq 0 | H(X) \leq 0] \tag{6-8}$$

式中:$G(X,t)$——耐久性评估模型的性能状态方程;

$R(X,t)$——耐久性抗力;

S——耐久性外部作用。

按照条件概率的定义,式(6-8)可以写成:

$$p[G(X,t) \leq 0 | H(X) \leq 0] = \frac{p[R(X,t) - S \leq 0 \cap H(X) \leq 0]}{p[H(X) \leq 0]} \tag{6-9}$$

式(6-9)的求解需要借助数值方法进行。如果 $G(X,t)$,$H(X)$ 分别是基本参数 X 的线性函数,参考文献[46]给出了时变可靠指标的更新表达式:

$$\beta'(t) = \frac{\beta(t) - \rho_{GH}\rho_{HH}\beta_H}{\sqrt{1 - \rho_{GH}^t \rho_{HH}^{-1} \rho_{GH}}} \tag{6-10}$$

式中：ρ_{GH}、ρ_{HH}——性能状态函数 $G(X,t)$ 和观测信息函数 $H(X)$ 的相关矩阵，具体求解表达见参考文献[42]。

6.4.3 服役期评估示例

1. 数据更新

本节再评估以桥梁标段 1 非通航孔桥的浪溅区桥墩为例，因为在前一章的实体结构耐久性评估中，该组构件的 120 年耐久性可靠指标较低。与港珠澳大桥建设同期开展的暴露试验在使用期内可以不断采集到耐久性评估模型的基本参数信息，包括表面氯离子浓度 C_s、表观氯离子扩散系数 D_{Cl}、氯离子扩散系数的衰减指数 n 以及钢筋锈蚀的临界氯离子浓度 C_{cr}。在耐久性评估中，对桥梁标段 1 非通航孔桥浪溅区桥墩的基本评估参数的统计规律见表 6-9。

桥梁标段 1 非通航孔桥浪溅区桥墩耐久性评估参数统计规律　　　表 6-9

模型参数	统计模型	分布参数
C_{cr}	Beta	$\alpha = 0.22, \beta = 0.36, L = 0.45\%, U = 1.25\%$
C_s	对数正态	均值 = 5.76%，标准差 = 0.87%
C_0	均匀分布	[0.02%, 0.04%]
x_d	对数正态	均值 = 70mm + 5mm，标准差 = 5.26mm
D_{Cl}^{28d}	对数正态	均值 = 4.10×10^{-12} m²/s，标准差 = 1.15×10^{-12} m²/s
n	正态	均值 = 0.471，标准差 = 0.028 6

假定在使用期中得到了暴露试验站观测到的浪溅区表面氯离子浓度 C_s 的观测数值，并且观测值位于表面氯离子浓度的稳定期，表 6-10 给出了三组假设的观测数据，数据组包含 11 个数据，三组数据分别代表了三种可能的观测结果：数据组 1 代表观测数据离散性较假设的变异系数(15%)小，数据组 2 代表观测数据的平均值比假设平均值(5.76%)低，数据组 3 代表观测数据的平均值比假设平均值(5.76%)高。

桥梁标段 1 非通航孔浪溅区桥墩表面氯离子浓度暴露
试验观测数据(% 胶凝材料质量)　　　表 6-10

数据组	样本数	观测数据	数据特征
1	11	5.26, 5.36, 5.46, 5.56, 5.66, 5.76, 5.86, 5.96, 6.06, 6.16, 6.26	变异系数小
2	11	3.76, 3.96, 4.16, 4.36, 4.56, 4.76, 4.96, 5.16, 5.36, 5.56, 5.76	平均值低
3	11	5.76, 5.96, 6.16, 6.36, 6.56, 6.76, 6.96, 7.16, 7.36, 7.56, 7.76	平均值高

假设表面氯离子浓度的平均值本身服从正态分布：

$$f_\mu(\mu) = \frac{1}{\sqrt{2\pi}\,\tau} \exp\left[-\frac{1}{2}\left(\frac{\mu - \xi}{\tau}\right)^2\right] \tag{6-11}$$

其中对于表面氯离子浓度平均值的分布参数(ξ,τ)分别定为$(5.67\%,0.576\%)$,按照文献[4]给出的解析方法,表面浓度的平均值的更新密度函数为:

$$f_\mu^{(1)}(\mu) = \frac{1}{\sqrt{2\pi}\ \tau'}\exp\left[-\frac{1}{2}\left(\frac{\mu-\xi'}{\tau'}\right)^2\right] \quad (6-12)$$

其中,

$$\xi' = \frac{n\xi + n'\overline{C}_s}{n+n'}, \tau' = \sigma\sqrt{\frac{1}{n+n'}}, n' = \left(\frac{\sigma}{\tau}\right)^2, \overline{C}_s = \frac{1}{n}\sum_{i=1}^{n}\hat{C}_s^{(i)} \quad (6-13)$$

式中:n——观测数据组数据个数($n=11$)。

最终经过更新的氯离子表面浓度的分布写为:

$$f_c^{(1)}(C_s) = \frac{1}{\sqrt{2\pi}\ \sigma'}\exp\left[-\frac{1}{2}\left(\frac{C_s-\mu'}{\sigma'}\right)^2\right] \quad (6-14)$$

其中,

$$\mu' = \xi', \sigma' = \tau'\sqrt{\frac{n''+1}{n''}}, n'' = n' + n \quad (6-15)$$

表6-11给出了对应三组数据的中间参数计算结果,图6-14给出了使用更新算法后得到的桥梁标段1非通航孔桥浪溅区桥墩的耐久性失效概率的演变规律,120年的耐久性可靠指标也在表6-11中给出。

表面氯离子浓度更新计算过程(%胶凝材料质量) 表6-11

数据组	$\overline{C}_s(\%)$	n'	n''	$\xi'(\%)$	$\tau'(\%)$	$\mu'(\%)$	$\sigma'(\%)$	120年可靠指标β
1	5.76	3.03	14.04	5.76	0.23	5.76	0.287	2.17
2	4.76	0.76	11.76	5.70	0.25	5.33	0.435	2.28
3	6.76	0.76	11.76	5.82	0.25	6.19	0.435	2.07

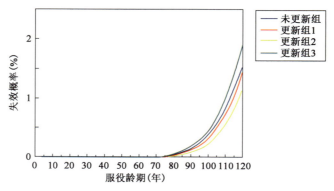

图6-14 评估更新后混凝土构件钢筋脱钝的时变失效概率

2. 灵敏度研究

上述分析表明,评估参数的更新将对混凝土构件 120 年的耐久性可靠指标有较为明显的影响。作为对上述数据更新研究的补充,本节将着重分析评估参数的统计模型主要参数(平均值和标准差)对耐久性评估结果的影响。

仍然选取桥梁标段 1 预制墩身的浪溅区段,考虑四个因素:保护层厚度均值与标准差、氯离子扩散系数均值与变异系数。具体参数确定为:保护层厚度设计值为 70mm(均值为 75mm),标准差为 3mm;氯离子扩散系数均值为 $6.5 \times 10^{-12} m^2/s$,变异系数为 0.2。120 年可靠指标随这四个因素的变化如图 6-15 所示。

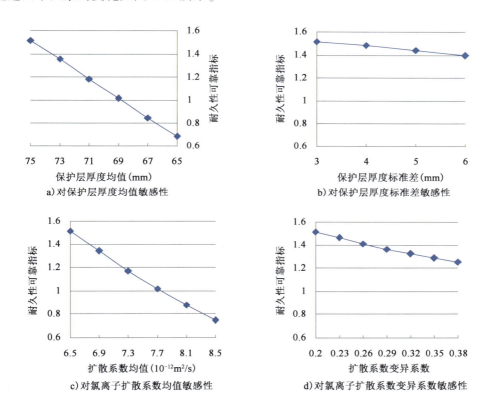

图 6-15　浪溅区耐久性可靠指标对参数统计模型参数的敏感性

由图 6-15a)、c)可以看出,耐久性可靠指标随保护层厚度均值的减小而减小,随氯离子扩散系数均值的增加而减小,变化显著且几乎为线性关系。经过简单计算,可以得到:保护层厚度的均值每减小 1.2mm,或者氯离子扩散系数的均值每增加 $0.26 \times 10^{-12} m^2/s$,耐久性可靠指标减小 0.1。由图 6-15b)、d)可以看出,耐久性可靠指标随保护层厚度标准差或者氯离子扩散系数变异系数的增加而减小,但变化不太显著。由图中可以看出,扩散系数变异系数增大了两倍,耐久性可靠指标降低不到 0.25。

6.5 服役期耐久性再设计

6.5.1 耐久性再设计原则

港珠澳大桥混凝土结构构件的耐久性设计经历了初步设计阶段的耐久性设计、详细设计阶段的耐久性评估、施工过程中的耐久性跟踪质量评估以及竣工阶段的耐久性总体评估。最后的耐久性竣工评估给出的结构耐久性状态包括了实际结构设计方案和施工质量信息,因此可以作为120年使用期初始耐久性状态的参考。

由于具体设计方案的选择、施工质量以及混凝土材料自身离散性的影响,在使用期初始耐久性状态(可以用耐久性评估的120年耐久性可靠指标来衡量),某些混凝土构件的耐久性裕度较高(如表5-15采用了不锈钢钢筋的混凝土构件),其他一些构件的耐久性裕度相对较低(如表5-14中桥梁标段1的非通航孔桥的浪溅区段,以及表5-15中桥梁标段2的收费站暗桥和C匝道桥),这些构件在使用全寿命成本方法分析后可能需要在竣工阶段就采取补强措施。另外,对于一些构件的不正常工况,如高程在+8.00m以下的空心桥墩和沉管隧道的内表面可能发生的海水渗漏工况,其耐久性裕度显著不足。对于这些不正常工况,除了在施工/竣工阶段采取有效措施防止海水渗漏发生外,尚需有针对性地结合监测方法和数据制订针对海水渗漏的耐久性预案。

综上分析,耐久性再设计的总体目标就是通过技术手段和有针对性的预案,保证混凝土构件在120年的使用年限内的耐久性裕度一直保持在预定水平以上。具体来说,在竣工阶段,需要结合竣工耐久性评估结果,对耐久性储备显著不足的构件进行耐久性补强(包括对不正常工况的耐久性预案的制订);在使用阶段,通过检测、监测数据与评估方法的互动得到不断更新的混凝土构件耐久性安全裕度,如果构件的耐久性水平出现了低于预期的情况,需要调整既定的构件维护策略,采用合理技术方案保证其耐久性水平在使用期内保持在预期水平以上。这也就是港珠澳大桥混凝土结构全寿命管理的核心技术内容[43]。

6.5.2 耐久性再设计理论与方法

混凝土构件的耐久性再设计是在耐久性设计理论基础上发展而来的。与初次耐久性设计不同,耐久性再设计的对象已经具有具体结构构件,其结构材料已经确定,其环境作用也相对确定,但根据评估耐久性储备没有达到预期水平。再设计需要使用目前可用的耐久性补强技术,结合混凝土构件在使用期中的维护技术,使用全寿命成本分析的方法合理选择对目前构件的耐久性补强的程度,以及和使用周期中的维护措施的合理搭配。因此,再设计首先需要确定耐久性评估模型和方法(见本章上节),其次需要明确耐久性补强与维护的主要技术措施及其维护效果,最后需要建立全寿命周期成本方法,综合考虑初始耐久性成本与使用期维护成本,确定初始耐久性补强(维护)方案以及使用期的相应维护策略。这个总体方法对于竣工期的耐久性再设计以及使用期与耐久性评估联合使用的耐久性再设计具体实施方法相同。

1. 全寿命成本方法

首先建立混凝土构件在全寿命周期中的成本模型,总成本 C_t 包括混凝土构件的建设(施工)成本 C_0,使用期中发生的维护成本 C_m(直接维护成本 C_{ri} 和间接用户成本 C_{ui}),以及结构寿命终结时的拆除成本 C_d:

$$C_t = C_0 + \sum_{i=1}^{m} \frac{C_{ri}}{(1+r)^i} + \sum_{i=1}^{m} \frac{C_{ui}}{(1+r)^i} + \frac{C_d}{(1+r)^T} \tag{6-16}$$

式中:m——使用期中需要进行维护的次数;

r——资金折现率;

T——构件的使用年限。

对于港珠澳大桥的混凝土构件,直接维护成本 C_{ri} 指为使混凝土构件的耐久性达到预定水平而进行的维护成本,间接用户成本 C_{ui} 指因构件进行维护对大桥正常使用造成影响而产生的间接成本(通行能力降低等)。在全寿命成本计算中,资金折现率是一个关键参数,该参数反映将来的成本支出折算在目前的成本,和社会经济整体通胀水平相关。根据有关资料[44],折现率 r 与社会折现率和年平均制造者价格指数(PPI)相关:

$$r_i = \frac{i_{ci} - f_i}{1 + f_i} \tag{6-17}$$

式中:r_i——第 i 年的折现率;

i_{ci}——第 i 年的社会折现率;

f_i——PPI 指数。

使用目前主要经济测算数据(社会折现率 7%~8%,PPI 指数 4%~6%),针对港珠澳大桥混凝土构件的资金折现率 r 在 2%~4%。对于 120 年的使用年限,资金折现率可采用如下的阶段函数[41]表示:

$$r_i = \begin{cases} 2.0\% & i = 0 \sim 30 \text{ 年} \\ 2.7\% & i = 31 \sim 60 \text{ 年} \\ 3.3\% & i = 61 \sim 90 \text{ 年} \\ 4.0\% & i > 90 \text{ 年} \end{cases} \tag{6-18}$$

在混凝土构件全寿命周期中,维护次数和构件的耐久性衰减规律以及可接受的耐久性水平有关,维护成本和具体的维护(补强)措施相关。

构件的耐久性衰减规律通过评估模型来表达,可接受的耐久性水平也可以通过评估模型中状态方程式(5-5)的失效概率来表达(耐久性极限状态为钢筋脱钝)。通常针对维护可定义三个典型的耐久性水平,对应三个不同的耐久性失效概率水平。

(1)水平-1:对应氯离子在钢筋表面积聚达到钢筋锈蚀的临界浓度,导致钢筋脱钝的水平。这时钢筋尚未锈蚀,构件的使用性能没有受到影响,对应的维护方式为预防性维护(preventive maintenance),典型的维护方法为表面电化学脱盐处理,对构件和结构的正常使用基本无影响,预防性维护本身成本较低(≈ 300 元/m^2),但是需要有专用的设备对氯离子浓度进行持续监测。预防性维护对应的耐久性失效概率定义为1%~2%(对应耐久性可靠指标在2.1左右)。

(2)水平-2:对应钢筋表面发生有限锈蚀,锈蚀产物积聚在钢筋-混凝土界面并导致表层混凝土开裂。有计算表明,这个状态对应的钢筋截面的平均锈蚀深度约为50~100μm[45]。这时构件的正常使用性能受到影响,但尚未对构件的承载能力产生影响,对应的维护定义为必要性维护(necessary maintenance)。常见的钢筋混凝土构件必要性维护的手段包括裂缝处理和表层氯离子的脱盐处理,维护过程对混凝土结构有部分影响,相应的维护成本有所升高(≈ 350 元/m^2)。必要性维护对应的耐久性失效概率定义在5%左右。

(3)水平-3:对应钢筋发生显著锈蚀,混凝土构件的承载力受到影响。有计算显示,这个阶段钢筋截面锈蚀率(平均锈蚀深度/钢筋半径)超过10%[45]。这时构件的使用性能和承载力均受到影响,对应的维护定义为强制性维护(mandatory maintenance),意指如不进行维护,结构的运营将违反国家与行业的法规。这时的维护手段成本较高,而且会对结构的正常使用造成较大影响,产生的用户成本较高。强制性维护对应的耐久性失效概率定义在20%左右。

2. 耐久性补强与维护措施

本小节将所有的耐久性措施区分为竣工评估后可采取的耐久性补强措施(计入施工成本 C_0)和使用期中的耐久性维护措施(计入维护成本 C_{ri} 及其可能产生的用户成本 C_{ui})。表6-12对于耐久性补强措施仅统计其成本,对于耐久性维护措施给出其成本和对正常使用的影响成本。

港珠澳大桥混凝土构件耐久性补强措施和耐久性维护措施　　　　表6-12

用途	技术措施	有效期(年)	成本(元/m^2)	正常使用影响
耐久性补强	表面硅烷浸渍	20	80~100	无
	表面聚脲防水涂层	20	150	无
	表面涂层(环氧漆)	15	65~100	无
	渗透结晶表面防护	—	80~100	无
	钢筋阴极保护(牺牲阳极)	20	900	无
	钢筋阴极保护(外加电流)	50	2 000~3 000	无

续上表

用途	技术措施	有效期(年)	成本(元/m²)	正常使用影响
耐久性维护	表面电化学脱盐	—	280	轻微
	表面裂缝处理	—	50	轻微
	表面硅烷浸渍	20	80~100	轻微
	表面聚脲防水涂层	20	150	轻微
	表面涂层(环氧漆)	15	65~100	轻微
	渗透结晶表面防护	—	80~100	轻微
	保护层修复+透水模板		300	显著
	钢筋表面除锈、涂层保护	—	200	显著
	锈蚀钢筋替换、植入	—	300	显著
	钢筋阴极保护(牺牲阳极)	20	900	显著
	钢筋阴极保护(外加电流)	50	2 000~3 000	显著

6.5.3 混凝土构件耐久性再设计示例

本节给出两个典型的耐久性再设计的示例:竣工评估后的沉管隧道的耐久性预案研究以及桥梁标段1非通航孔桥浪溅区使用期中的维护策略与方案研究。

1. 沉管隧道耐久性预案研究

从前一节的耐久性评估分析可以看出,沉管隧道在正常使用条件下的耐久性可靠指标120年可以达到2.60~2.81,但如果内部发生海水渗漏,则渗水局部受到海水的干湿交替作用,120年耐久性可靠指标只有0.41~0.59。全面的耐久性预案研究应该考虑在发生渗漏情况下的渗漏面积比例 δ,即渗漏面积与沉管内表面积的比例,也可以单位化到每平方米的渗漏面积。在两种暴露条件计算的耐久性失效概率的基础上,考虑渗漏面积比例 δ 的总体耐久性失效概率可以表示如下:

$$p_t(t) = \delta p_{dw}(t) + (1-\delta) p_{atm}(t) \tag{6-19}$$

式中: p_t ——沉管内表面总体失效概率;

p_{dw} ——干湿交替作用下耐久性失效概率;

p_{atm} ——未发生渗漏的海洋大气暴露条件的隧道内表面。

图6-16表示了不同渗漏面积比例 δ 对应的总体耐久性失效概率。根据图6-16的总体耐久性失效概率可以得出对应不同的渗漏面积比例 δ 以及不同维护水平(耐久性失效概率)的维护周期。由于沉管隧道总体设置了外加电流阴极保护作为耐久性安全储备措施,以上的维护周期实际给出了外加阴极保护启动的时间,见图6-17。

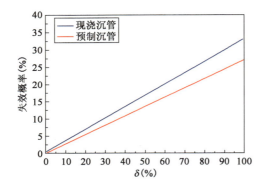
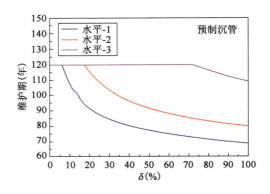

图 6-16 沉管隧道内不同海水渗漏面积比例对应的总体耐久性失效概率

图 6-17 不同渗漏面积比例和维护水平下的阴极保护启动周期

实际上,上图的渗漏面积比例 δ 为竣工后运营初期就出现的渗漏面积比例,考虑到实际运营中发生的渗漏可能需要经历一个过程,即 $\delta = \delta(t)$,这时式(6-19)就需要使用积分表达:

$$p_t(t) = [1 - \delta(t)]p_{atm}(t) + \int_0^t \delta'(\tau)p_{dw}(t-\tau)d\tau \quad (6-20)$$

这里不再对上式进行深入的分析,详细分析可参见文献[47]。在使用期中可对图 6-16 的结果进行如下的保守处理:在使用期中的某一时刻 t 检测到海水渗漏面积比例 δ 后,按照图 6-17 的计算结果确定从 t 时刻起启动阴极保护的周期,这样处理属于相对保守的结果。如果在使用期中有连续的 $\delta(t)$ 的监测,就可以使用式(6-20)来确定基于监测数据的阴极保护启动周期。

2. 桥梁标段 1 非通航孔桥浪溅区耐久性再设计研究

以桥梁标段 1 非通航孔桥浪溅区桥墩为研究对象,延续上节耐久性再评估的分析结果。假设数据组(3)为实际暴露试验数据,相应的失效概率比前期评估高,假定数据(3)为使用期 $t=20$ 年时取得,这里将使用全寿命成本方法对使用期中的浪溅区桥墩进行全寿命(即剩余寿命 100 年)维护方案的设计。其耐久性失效概率模型为评估模型,成本模型仅考虑全寿命维护成本,即:

$$C_m = \sum_{i=1}^{m} \frac{C_{ri}}{(1+r)^i} + \sum_{i=1}^{m} \frac{C_{ui}}{(1+r)^i} \quad (6-21)$$

其中资金折现率仍使用式(6-18)的表达。对应不同维护水平的措施及其成本见表 6-13。

第6章 服役期耐久性评估和再设计

桥梁标段1非通航孔桥的耐久性维护措施　　表6-13

维 护 水 平	维 护 措 施	维护成本(元/m²)	用户成本(元/m²)
预防性维护(水平-1) $p_t = 2\%$	表面电化学脱盐	280	0
	表面硅烷浸渍	100	0
必要性维护(水平-2) $p_t = 5\%$	表面电化学脱盐	280	0
	表面裂缝处理	50	0
	表面硅烷浸渍	100	0
强制性维护(水平-3) $p_t = 20\%$	保护层混凝土修复 钢筋替换、植入	600	6 000

按照浪溅区桥墩的耐久性失效概率的时变曲线,并且认为三个水平上的维护措施能够使构件的耐久性状态恢复到初始水平,三个水平的维护措施的维护周期以及维护成本见图6-18和表6-14。

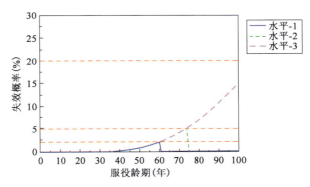

图6-18　不同维护水平的维护周期(三个维护水平:2%,5%,20%)

桥梁标段1非通航孔桥的耐久性维护策略与成本　　表6-14

维护水平	维护编号	维护时间 i (年)	折现率	维护成本 C_{ri} (元/m²)	用户成本 C_{ui} (元/m²)	维护总成本 C_m (元/m²)
水平-1	1	60	0.13	49.4	0.0	49.4
水平-2	1	74	0.09	38.7	0.0	38.7
水平-3	1	>100	—	—	—	0

在上述假设前提下,失效概率在剩余寿命结束仍未达到20%,但是考虑到桥墩为结构的主要构件,不应使其耐久性失效概率过高,因此比较水平-1和水平-2的维护成本可知,水平-2的维护成本最优。

参 考 文 献

［1］ 中交公路规划设计院.港珠澳大桥工程可行性研究报告,2008,北京.

［2］ Li K F, Li Q W, Zhou X G,et al.（2015）. Durability Design of the Hong Kong-Zhuhai-Macau Sea-Link Project：Principle and Procedure. Journal of Bridge Engineering，ASCE，04015001：1-11.

［3］ 王胜年,苏权科,范志宏,等. 港珠澳大桥混凝土结构耐久性设计原则与方法.土木工程学报,2014,47:1-8.

［4］ Li K F（2016）.Durability Design of Concrete Structure：Phenomena. Modelling and Practice. UK：Wiley.

［5］ 王胜年,苏权科,李克非,等. 港珠澳大桥混凝土结构耐久性设计与施工技术.北京:人民交通出版社股份有限公司,2018.

［6］ 刘秉京. 混凝土结构耐久性设计.北京：人民交通出版社,2007.

［7］ Nordtest（1995）. Concrete hardened：Accelerated chloride penetration（NT Build 443），Nordtest Method.

［8］ ASTM C1202（1997）.Standard Test Method for Electrical Indication of Concrete's Ability to Resist Chloride Ion Penetration. ASTM International，West Conshohocken，US.

［9］ 黄毅,孙建渊,黄士柏. 跨海大桥全寿命耐久性设计与施工技术.华东交通大学学报,2007,4:21-24.

［10］ 张宝胜,干伟忠,陈涛. 杭州湾跨海大桥混凝土结构耐久性解决方案.土木工程学报,2006,6:72-77.

［11］ Nordtest（1999）. Concrete, Mortar and cement-based repair materials：Chloride migration coefficient from non-steady migration experiments（NT Build 492），Nordtest Method.

［12］ 周长严,董锋,张修亭. 青岛海湾大桥桥梁混凝土耐久性设计方案研究. 海岸工程,2007,12:68-71.

［13］ 中华人民共和国国家标准.GB/T 50082　普通混凝土长期性能和耐久性能试验方法标准.北京:建筑工业出版社,2008.

［14］ DuraCrete（2000）. Probabilistic performance based durability design of concrete structures. Final Technical Report，Contract BRPR-CT95-0132，Project BE95-1347，Document BE95-1347/R17，The Netherlands.

［15］ 中华人民共和国国家标准.GB/T 50476　混凝土结构耐久性设计规范.北京：建筑工业出版社,2008.

［16］ 金伟良,赵羽习. 混凝土结构耐久性.北京:科学出版社,2014.

［17］ *fib*（2006）. Model code for service life design, Bulletin 34. Fédération International du Béton, Lausanne.

［18］ Li Q W, Li K F, Zhou X G, et al.（2015）. Model-based durability design of concrete structures in Hong Kong-Zhuhai-Macau sea link project：Structural Safety,53:1-12.

［19］ Burrows R W（1998）. The visible and invisible cracking of concrete, Monograph No.11. American Concrete Institute，US.

［20］ Design Manual for Roads and Bridges（DMRB）（2008），Volume 1- High Structures：Approval Procedures and General Design，UK.

［21］ EN12696, Cathodic protection of steel in concrete（BS/EN/ISO 12696:2016），European Standard, 2016.

［22］ 港珠澳大桥管理局.港珠澳大桥混凝土耐久性质量控制技术规程(修编稿),编号:HZMB/DB/RG/1,2013,4.

［23］ Tang L P(1999）. Concentration dependence of diffusion and migration of chloride ions Part 1-Theoretical considerations. Cement and Concrete Research, 29:1463-1468.

[24] Tang L P(1999). Concentration dependence of diffusion and migration of chloride ions Part 2-Experimental evaluations. Cement and Concrete Research, 29:1469-1474.

[25] Chatterji S(1994). Transportation of ions through cement based materials - Part I: Fundamental equations and basic measured techniques. Cement and Concrete Research, 24(5): 907-912.

[26] Pearson K(1895). Notes on regression and inheritance in the case of two parents. Proceedings of the Royal Society of London, 58: 240-242.

[27] Spearman C(1904). The proof and measurement of association between two things. American Journal of Psychology, 15: 72-101.

[28] Infrasense (2003). Non-destructive measurement of pavement layer thickness, final report, Caltrans No. 65A0074. California Department of Transportation, US.

[29] Morris W, Moreno E I, Sagues A A(1996). Practical evaluation of resistivity of concrete in test cylinders using a Wenner array probe. Cement and Concrete Research, 26(12):1779-1787.

[30] Riding K A, Poole J L, Schindler A K, et al. (2008). Simplified Concrete Resistivity and Rapid Chloride Permeability Test Method. ACI Materials Journal,105(4):390-394.

[31] McCarter W J, Chrisp T M, Starrs G,et al. (2012). Developments in Performance Monitoring of Concrete Exposed to Extreme Environments. Journal of Infrastructure Systems, 18:167-175.

[32] Torrent R(1992). Torrent - a two chamber vacuum cell for measuring the coefficient of permeability to air of the concrete cover on site. Materials and Structures, 25:358-365.

[33] Torrent R (2010). Recommendations for quality control of concrete with air-permeability measurements. Materials Advanced Services, Buenos Aires, Argentina.

[34] Abbas A, Carcasses M, Ollivier J P (1999). Gas permeability of concrete in relation to its degree of saturation. Materials and Structures, 32:3-8.

[35] Romer M (2005). Effect of moisture and concrete composition on the torrent permeability measurement. Materials and Structures, 38:541-547.

[36] Kucharczykova P M, Misak P, Vymazal T (2010). Determination and evaluation of the air permeability coefficient using Torrent Permeability Tester. Russian Journal of Nondestructive Testing, 46(3): 226-233.

[37] 清华大学,中交四航工程研究院有限公司.港珠澳大桥混凝土结构耐久性设计指南.港珠澳大桥管理局,2011,9.

[38] ACI-365 (2000). Life-365 Computer program for predicting the service life and life-cycle costs of reinforced concrete exposed to Chloride, US.

[39] Basham K(1999). Choices in corrosion-resistant bars. Concrete International, C99J027:1-4.

[40] 清华大学,中交四航工程研究院有限公司. Monte-Carlo法全概率耐久性设计分析软件(V1.0),软件著作权登记号2013SR048591, 2013.

[41] Virginia Technologies Inc. (2010). Embedded Corrosion Instrument Model ECI-2 Product Manual, US.

[42] Diamantidis D(2001). Probabilistic assessment of existing structures. JCSS, RILEM Publication, Paris.

[43] Alexander M G. Marine Concrete Structures, Design, Durability and Performance. Woodhead Publishing, 2016.

[44] Cady P D(1983). Inflation and highway economic analysis. Journal of Transportation Engineering, 109(5): 631-639.

[45] Yang L H, Li K F, Pang X Y(2013). Design and optimization of maintenance strategies for a long life-span port project. Materials and Structures, 46:161-172.

[46] DuraCrete (1998). Probabilistic performance based durability design: modeling of degradation. DuraCrete Project Document BE95-1347/R4-5, The Netherlands.

[47] Li K F, Wang P P, Li Q W, et al. (2016). Durability assessment of concrete structures in HZM sea link project for service life of 120 years. Materials and Structures, 49:3785-3800.

索 引

b

半透膜现象 Semi-membrane phenomenon ………………………………………… 50
暴露试验 Exposure test ………………………………………………………… 28,136
暴露试验站 Exposure station …………………………………………………… 15,137
标准电迁移试验 Rapid migration test …………………………………………… 53
标准浸泡试验 Standard immersion test ………………………………………… 52
表面氯离子浓度 Surface chloride concentration ……………………………… 30
不确定性 Uncertainty …………………………………………………………… 4,155
不锈钢钢筋 Stainless steel bar ………………………………………………… 6,124

c

沉管隧道 Immersed tunnel ……………………………………………………… 1,61
沉管隧道足尺模型 Full scale model of immersed tunnel ……………………… 73
成本 Cost ………………………………………………………………………… 9,161
抽样方案 Sampling plan ………………………………………………………… 54
抽样检验 Sampling evaluation …………………………………………………… 54
粗集料 Coarse aggregate ………………………………………………………… 8,35

d

大气区 Atmospheric zone ………………………………………………………… 6,32

f

防腐蚀(附加)措施 Additional protections …………………………………… 4,118
非稳态扩散系数 Non steady diffusion coefficient …………………………… 51
非稳态迁移系数 Non steady migration coefficient …………………………… 51
粉煤灰 Fly ash …………………………………………………………………… 5,91
风险 Risk ………………………………………………………………………… 36,59

g

概率密度函数 Probability density function ············ 155
钢筋 Reinforcement ············ 4,73
钢筋脱钝 Depassivation ············ 15,115
钢筋锈蚀 Steel corrosion ············ 5
钢筋阴极保护 Cathode protection ············ 47,125
钢筋阻锈剂 Corrosion inhibitor ············ 12
共中心点法 Common Mid Point ············ 98
硅灰 Silica fume ············ 5
硅烷浸渍 Saline impregnation ············ 6, 118

h

海洋环境 Marine environment ············ 2
含泥量 Clay content ············ 35,91
环境作用 Environmental action ············ 2,24
环境作用等级 Environmental action classification ············ 24
环氧涂层钢筋 Epoxy-coating steel bars ············ 6,125
混凝土 Concrete ············ 12
混凝土保护层 Concrete cover ············ 76
混凝土表面电阻率 Resistivity ············ 72,101
混凝土表面透气性 Gas permeability ············ 105
混凝土成熟度 Concrete maturity ············ 38
混凝土构件 Concrete element ············ 2,24
混凝土结构 Concrete structure ············ 2
混凝土龄期 Concrete age ············ 8,38,107
混凝土耐久性 Concrete durability ············ 5
混凝土配合比 Concrete proportioning ············ 5,33
混凝土强度 Concrete strength ············ 10,79
混凝土水胶比 Water to binder ratio ············ 5,35
混凝土原材料 Concrete raw materials ············ 9,91
混凝土质量控制 Concrete quality control ············ 2,89

j

减水剂 Superplasticizer ⋯⋯⋯⋯⋯⋯⋯⋯⋯⋯⋯⋯⋯⋯⋯⋯⋯⋯⋯⋯⋯⋯⋯⋯⋯⋯⋯⋯⋯⋯⋯⋯⋯ 9,34
碱-集料反应 Alkali-aggregate reaction ⋯⋯⋯⋯⋯⋯⋯⋯⋯⋯⋯⋯⋯⋯⋯⋯⋯⋯⋯⋯⋯⋯⋯⋯⋯⋯ 29
间接用户成本 Indirect user's cost ⋯⋯⋯⋯⋯⋯⋯⋯⋯⋯⋯⋯⋯⋯⋯⋯⋯⋯⋯⋯⋯⋯⋯⋯⋯⋯⋯⋯ 161
胶凝材料 Cementitious materials ⋯⋯⋯⋯⋯⋯⋯⋯⋯⋯⋯⋯⋯⋯⋯⋯⋯⋯⋯⋯⋯⋯⋯⋯⋯⋯⋯⋯ 5,87
接收质量水平 Acceptable Quality Level, AQL ⋯⋯⋯⋯⋯⋯⋯⋯⋯⋯⋯⋯⋯⋯⋯⋯⋯⋯⋯⋯⋯ 54,57
拒绝质量水平 Rejectable Quality Level, RQL ⋯⋯⋯⋯⋯⋯⋯⋯⋯⋯⋯⋯⋯⋯⋯⋯⋯⋯⋯⋯⋯ 54,57

k

开裂风险 Cracking risk ⋯⋯⋯⋯⋯⋯⋯⋯⋯⋯⋯⋯⋯⋯⋯⋯⋯⋯⋯⋯⋯⋯⋯⋯⋯⋯⋯⋯⋯⋯⋯⋯ 36,41

l

L 函数 L function ⋯⋯⋯⋯⋯⋯⋯⋯⋯⋯⋯⋯⋯⋯⋯⋯⋯⋯⋯⋯⋯⋯⋯⋯⋯⋯⋯⋯⋯⋯⋯⋯⋯⋯⋯ 156
浪溅区 Splashing zone ⋯⋯⋯⋯⋯⋯⋯⋯⋯⋯⋯⋯⋯⋯⋯⋯⋯⋯⋯⋯⋯⋯⋯⋯⋯⋯⋯⋯⋯⋯⋯⋯ 5,32
粒化高炉矿渣粉 Slag ⋯⋯⋯⋯⋯⋯⋯⋯⋯⋯⋯⋯⋯⋯⋯⋯⋯⋯⋯⋯⋯⋯⋯⋯⋯⋯⋯⋯⋯⋯⋯⋯⋯⋯ 34
临界氯离子浓度 Critical chloride concentration ⋯⋯⋯⋯⋯⋯⋯⋯⋯⋯⋯⋯⋯⋯⋯⋯⋯⋯ 9,30-32
氯离子扩散系数 Chloride diffusion coefficient ⋯⋯⋯⋯⋯⋯⋯⋯⋯⋯⋯⋯⋯⋯⋯⋯⋯⋯⋯ 8,30,66

n

耐久性监测 Durability monitoring ⋯⋯⋯⋯⋯⋯⋯⋯⋯⋯⋯⋯⋯⋯⋯⋯⋯⋯⋯⋯⋯⋯⋯⋯⋯⋯ 6,141
耐久性检测 Durability inspection ⋯⋯⋯⋯⋯⋯⋯⋯⋯⋯⋯⋯⋯⋯⋯⋯⋯⋯⋯⋯⋯⋯⋯⋯⋯⋯ 2,136
耐久性可靠指标 Durability reliability index ⋯⋯⋯⋯⋯⋯⋯⋯⋯⋯⋯⋯⋯⋯⋯⋯⋯⋯⋯⋯⋯⋯ 130
耐久性评估 Durability assessment ⋯⋯⋯⋯⋯⋯⋯⋯⋯⋯⋯⋯⋯⋯⋯⋯⋯⋯⋯⋯⋯⋯⋯⋯⋯⋯ 2,115
耐久性设计 Durability design ⋯⋯⋯⋯⋯⋯⋯⋯⋯⋯⋯⋯⋯⋯⋯⋯⋯⋯⋯⋯⋯⋯⋯⋯⋯⋯⋯⋯⋯ 2,28
耐久性维护 Durability maintenance ⋯⋯⋯⋯⋯⋯⋯⋯⋯⋯⋯⋯⋯⋯⋯⋯⋯⋯⋯⋯⋯⋯⋯⋯⋯⋯ 135
耐久性再设计 Durability redesign ⋯⋯⋯⋯⋯⋯⋯⋯⋯⋯⋯⋯⋯⋯⋯⋯⋯⋯⋯⋯⋯⋯⋯⋯⋯⋯ 2,161

p

Pearson 相关系数 Pearson correlation parameters ⋯⋯⋯⋯⋯⋯⋯⋯⋯⋯⋯⋯⋯⋯⋯⋯⋯⋯⋯ 90

q

桥梁 Bridge ⋯⋯⋯⋯⋯⋯⋯⋯⋯⋯⋯⋯⋯⋯⋯⋯⋯⋯⋯⋯⋯⋯⋯⋯⋯⋯⋯⋯⋯⋯⋯⋯⋯⋯⋯⋯⋯ 1,62

桥梁现浇构件 Bridge cast-in-place element ········· 99,116
桥梁预制构件 Bridge prefabricated element ········· 67,116
全寿命成本 Life cycle cost ········· 28,161

s

Spearman 相关系数 Spearman correlation parameter ········· 90
上、下控制线 Upper/Lower control line ········· 90
设计使用年限 Design service life ········· 25
渗漏面积 Infiltration area ········· 163
生产者风险 Producer's risk ········· 55,57
失效概率 Failure probability ········· 125
实体构件 Real element ········· 53
使用者风险 Consumer's risk ········· 55,57
水变区 Tidal zone ········· 42
水泥 Cement ········· 5,91
水泥碱含量 Cement alkali content ········· 5,34
水下区 Immersed zone ········· 12,32

t

Torrent 方法 Torrent method ········· 105
条件概率密度 Conditional probability density ········· 156
统计规律 Statistical property ········· 31,116

w

Wenner 方法 Wenner method ········· 101
维护 Maintenance ········· 2,148
无损检测 Non-destructive inspection ········· 98

x

细集料 Fine aggregate ········· 8,91

y

样本单元 Sampling unit ········· 54

Z

直接维护成本 Direct cost of maintenance ·········· 161
质量极限状态函数 Quality limit function ·········· 58
质量控制方程 Quality control function ·········· 58
质量控制图 Quality control diagram ·········· 89
质量评价 Quality evaluation ·········· 88,113
质量验收准则 Quality acceptance criterion ·········· 53
中心线 Central line ·········· 90
资金折现率 Currency discount rate ·········· 161

图书在版编目(CIP)数据

港珠澳大桥混凝土结构耐久性评估与再设计/李克非等著. — 北京：人民交通出版社股份有限公司，2018.3

ISBN 978-7-114-14619-0

Ⅰ.①港… Ⅱ.①李… Ⅲ.①跨海峡桥—桥梁结构—混凝土结构—耐久性—研究 Ⅳ.①U448.193

中国版本图书馆 CIP 数据核字(2018)第 057757 号

"十三五"国家重点图书出版规划项目
交通运输科技丛书·公路基础设施建设与养护
港珠澳大桥跨海集群工程建设关键技术与创新成果书系
国家科技支撑计划资助项目(2011BAG07B04)

书　　名：	港珠澳大桥混凝土结构耐久性评估与再设计
著 作 者：	李克非　苏权科　王胜年　等
责任编辑：	吴有铭　丁　遥　等
责任校对：	刘　芹
责任印制：	张　凯
出版发行：	人民交通出版社股份有限公司
地　　址：	(100011)北京市朝阳区安定门外馆斜街 3 号
网　　址：	http://www.ccpress.com.cn
销售电话：	(010)59757973
总 经 销：	人民交通出版社股份有限公司发行部
经　　销：	各地新华书店
印　　刷：	北京雅昌艺术印刷有限公司
开　　本：	787×1092　1/16
印　　张：	12
字　　数：	234 千
版　　次：	2018 年 3 月　第 1 版
印　　次：	2018 年 3 月　第 1 次印刷
书　　号：	ISBN 978-7-114-14619-0
定　　价：	80.00 元

(有印刷、装订质量问题的图书，由本公司负责调换)